CLEVER MITREDEN!

Wie Sie als introvertierte Person die Kunst des Small-Talks meistern. So entwickeln Sie Ihre soziale Kompetenz und verlieren die Angst, mit neuen Menschen zu sprechen

GERARD SHAW

© Copyright 2020 - Alle Rechte vorbehalten.

Der in diesem Buch enthaltene Inhalt darf ohne direkte schriftliche Genehmigung des Autors oder Herausgebers nicht reproduziert, vervielfältigt oder übertragen werden.

Unter keinen Umständen wird dem Verlag oder Autor die Schuld oder rechtliche Verantwortung für Schäden, Wiedergutmachung oder finanziellen Verlust aufgrund der in diesem Buch enthaltenen Informationen direkt oder indirekt übertragen.

Rechtliche Hinweise:

Dieses Buch ist urheberrechtlich geschützt und nur für den persönlichen Gebrauch bestimmt. Ohne die Zustimmung des Autors oder Herausgebers darf der Leser keinen Inhalt dieses Buches ändern, verbreiten, verkaufen, verwenden, zitieren oder umschreiben.

Haftungsausschluss:

Bitte beachten Sie, dass die in diesem Dokument enthaltenen Informationen nur zu Bildungs- und Unterhaltungszwecken dienen. Es wurden alle Anstrengungen unternommen, um genaue, aktuelle, zuverlässige und vollständige Informationen zu liefern. Es werden keine Garantien jeglicher Art erklärt oder impliziert.

Die Leser erkennen an, dass der Autor keine rechtlichen, finanziellen, medizinischen oder professionellen Ratschläge erteilt. Durch das Lesen dieses Dokuments stimmt der Leser zu, dass der Autor unter keinen Umständen für direkte oder indirekte Verluste verantwortlich ist, die durch die Verwendung der in diesem Dokument enthaltenen Informationen entstehen, einschließlich, aber nicht beschränkt auf Fehler, Auslassungen oder Ungenauigkeiten.

BONUSHEFT

Mit dem Kauf dieses Buches haben Sie ein kostenloses Bonusheft erworben.

In diesem Bonusheft „Morgenroutinen der Gewinner" erhalten Sie Übungen, die Sie in Ihrem Alltag problemlos anwenden können, um Ihr Selbstbewusstsein zu steigern.

Alle Informationen darüber, wie Sie sich schnell dieses Gratis-Bonusheft sichern können, finden Sie am <u>Ende dieses Buches</u>.

Beachten Sie, dass dieses Heft nur für eine begrenzte Zeit kostenlos zum Download zur Verfügung steht.

INHALTSVERZEICHNIS

Einführung 1

Kapitel 1: Was ist Small Talk? 5
    Small Talk-Fehler vermeiden 7

Kapitel 2: Angst und Schüchternheit überwinden 15
    Warum ist Selbstvertrauen so wichtig? 16
    Fokus auf die Gegenwart 20
    Erkennen Sie sich selbst 22
    Was passt zu Ihrem Charakter? 24

Kapitel 3: Nonverbale Kommunikation und der Sozialkodex 27
    Die Stufe der sachlichen Information 28
    Die Stufe der Selbstenthüllung oder Selbstoffenbarung 29
    Die Stufe der Beziehungsebene 29
    Die Revisionsstufe 30

Kapitel 4: Verwenden der Körpersprache in einem
Small Talk 35
    Was genau sind nonverbale Hinweise? 37
    Arten von nonverbalen Hinweisen bei einem Small Talk 39
    Verwendung der Körpersprache bei einem Small Talk 43
    Wie kann nonverbale Kommunikation bei einem Small Talk
    in einem Büro (oder anderswo) schief gehen? 48
    Treffen Sie Andrea, Meghan und John! 48

Kapitel 5: Nach dem Hallo wird das Eis gebrochen 51
    Vier Eigenschaften der besten Gesprächsstarter 52
    Problemlose Wege, um ein Gespräch zu beginnen 55

Kapitel 6: Leitfaden für Small Talk-Themen und worüber
Sie sprechen können 67
    Sichere Themen 67
    Zu vermeidende Themen 70
    Themen für Freunde 73

    Small Talk für Unternehmer/Vertrieb 79
    Small Talk-Fragen (Bonusbereich) 81

Kapitel 7: Die Unterhaltung am Laufen halten 83

    So gehen Ihnen im Gespräch die Themen nicht aus 83
    Die FORD-Methode 87
    Die ARE Methode 88

Kapitel 8: Ausstieg planen - Small Talks elegant beenden 93

    Was sollen Sie sagen, und wie sollten Sie es sagen? 93
    Hinterlassen Sie einen hervorragenden letzten Eindruck 99

Kapitel 9: Ernsthafte Verbindungen mit anderen Menschen herstellen 105

    Small Talk-Perspektiven bzw. Ansätze 106
    Möglichkeiten, Small Talks bedeutsamer zu gestalten 108
    Zeichen, dass Sie sich mit jemandem verbinden 111

Kapitel 10: Die Kunst des Small Talks beherrschen 117

    Die Kunst des Small Talks, und warum dieser Ihre Zeit wert ist 117
    Best-Practice-Beispiele zur Verbesserung Ihrer Konversationsfähigkeiten 120

Finale Worte 127

Verweise 133

Bonusheft 135

EINFÜHRUNG

Was kommt nach dem „Hallo"?

Lassen Sie mich raten, wie Sie sich fühlen, wenn Sie an Small Talk denken: Sie hassen Small Talk. Wenn Sie dieses Buch lesen und wie ich sind, zählt Small Talk nicht zu Ihren Lieblingsbeschäftigungen. Ich bin ein Typ, der sich schon sein ganzes Leben lang damit abmüht. Die gute Nachricht: Wir sind damit nicht allein.

Selbst einige der erfolgreichsten Prominenten mühen sich mit Small Talk ab. Die professionelle Tennisspielerin Naomi Osaka ist eine von ihnen. Wie sie werden viele ängstlich und vermeiden den Kontakt mit anderen Menschen. Und das ist okay.

Es ist in Ordnung, bei einem Small Talk genauso peinlich berührt zu sein wie Naomi, aber es bedeutet eine große Einschränkung, diesen Weg immer so weiterzugehen. Genau wie ich es getan habe, können Sie Ihre eigenen Ängste überwinden. Stellen Sie sich Small Talk als eine Lebenskunst mit immensen Vorteilen vor, die Sie sich nicht entgehen lassen dürfen. Die Fähigkeit zum Small Talk ist wichtig, um Freundschaften und Beziehungen aufzubauen. Aus diesem Grund habe ich dieses Buch geschrieben.

Im Gegensatz zu Büchern, die nur von Theorien handeln und wenige oder gar keine praktischen Ratschläge bieten, ist dieses Buch ein wertvoller Ratgeber. Die Ratschläge sind *praktisch* und *umsetzbar,* und Sie werden damit Ihre *Kommunikationsfähigkeiten verbessern* können.

Darüber hinaus denke ich, dass Sie den Prozess genießen werden.

Denken Sie an die Zeit, als Sie jünger waren. Versuchen Sie sich an die Dinge zu erinnern, die Sie mühelos gemeistert haben.

Meistens haben Sie solche Dinge sehr gerne getan. Wenn Sie versuchen, weniger perfekt zu sein und Small Talk zu genießen, werden Sie sich zweifellos darin verbessern.

Die Wahrheit ist, Small Talk ist wichtig, und es ist der erste Schritt zu den meisten unserer sozialen Interaktionen. Small Talk ist zum Beispiel der erste Schritt bei einem Vorstellungsgespräch, einem Date, zum Schaffen bedeutsamer Kontakte und hin zu außergewöhnlichen Gesprächen. Sie können damit sogar erheblich mehr Umsatz generieren, wenn Sie im Vertrieb arbeiten.

In der Welt dreht sich alles um Gespräche! Menschen sind soziale Wesen. Wir alle wünschen uns Verbindungen und ein Gefühl der Zugehörigkeit; das war schon immer so.

Doch leider sind Isolation und Einsamkeit in der heutigen Gesellschaft weit verbreitet. Ein Teil des Problems ist, dass wir – so vernetzt wir auch sein mögen – die Kunst des Small Talks verlernt haben. Wenn Sie die Herausforderung des Small Talks bewältigen können, werden Sie die Fülle genießen können, die zwischenmenschliche Kontakte in einer vernetzten Welt mit sich bringen.

Nachdem Sie dieses Buch gelesen haben, *können* Sie diese Herausforderung bewältigen und Small Talk einfach praktizieren. Als Ergebnis können Sie vielleicht Ihrem Traumjob nachgehen oder endlich den Mut aufbringen, die Person anzusprechen, die Ihre Aufmerksamkeit auf sich gezogen hat.

Dieses Buch soll Ihnen ermöglichen, authentischere und tiefergehende Freundschaften zu schließen, die für Sie kostbar sind. Um all diese Vorteile nutzen zu können, müssen Sie jedoch bereit sein, auch Arbeit in den Prozess zu stecken. Seien Sie entschlossen, die Ideen in diesem Buch zu lesen und auszuprobieren.

So schwierig es auch zu sein scheint, einfach mit völlig Fremden zu sprechen – genau das werden Sie in diesem Buch lernen. Es mag unangenehm sein, aber denken Sie an die Sprichwörter „Ohne Fleiß, kein Preis" und natürlich „Übung macht den Meister". Diese klingen zwar nach Klischee, enthalten aber viel Wahrheit. Der Weg zum Meistern von Small Talk erfordert ein wenig Mühe und viel Übung. Machen Sie sich keine Sorgen. Ich bin hier, um den Vorgang so einfach und angenehm wie möglich für Sie zu gestalten.

Sind Sie schüchtern? Oder sozial unbeholfen? Vergessen Sie diese Dinge und lesen Sie weiter.

Ich kann es nicht genug betonen. In diesem Buch geht es ums *Tun*. Sie müssen Maßnahmen ergreifen, um beim Small Talk besser werden zu können. Es gibt keine Abkürzungen.

Nun dann, was kommt nach dem „Hallo"?

Diesem Buch liegt eine KOSTENLOSE Broschüre bei, mit der Sie eine Routine erlernen können, wie Sie Ihre tägliche Gelassenheit und Ihr Selbstvertrauen stärken können. Blättern Sie zum Ende dieses Buches, um zu erfahren, wie Sie sich Ihre Kopie noch heute sichern können.

KAPITEL 1:

Was ist Small Talk?

Wir werden zunächst Small Talk definieren und damit die Frage beantworten, was ein Small Talk eigentlich ist.

Small Talk ist eine leichte und informelle Unterhaltung, die häufig verwendet wird, wenn Sie mit jemandem sprechen, den Sie nicht sehr gut kennen. Small Talk ist auch eine Möglichkeit, auf Firmenveranstaltungen oder im Privaten mit unbekannten Menschen in Kontakt zu treten und sich zu unterhalten.

Ich möchte, dass Sie, wenn Sie mit dem Lesen dieses Buches fertig sind, alles Notwendige wissen, was mit Small Talk in Verbindung steht. Wir beginnen, als wüssten wir gar nichts darüber.

In diesem Kapitel werde ich die Idee des Small Talks bis auf die kleinste Ebene herunterbrechen. Sie werden auch eine faszinierende, aber wichtige Gesprächsübung zum Ausprobieren durchführen, bei der Sie die Fehler in einem kleinen Beispielgespräch identifizieren und korrigieren müssen.

Bisher ist unsere Definition von Small Talk etwas zu spezifisch. Diese ist tatsächlich umfassender als ich bisher angedeutet habe. Small Talk bezieht sich nicht nur auf direkte persönliche Interaktionen, da wir in einer digitalen Welt leben. Small Talk betrifft ebenso die Kommunikation über digitale Medien (Online-Nachrichten, Apps und Plattformen). Wenn Sie zum Beispiel zum ersten Mal auf der WhatsApp-Plattform mit jemandem chatten, eine Vertriebs-E-Mail senden oder in einem Live-Chat mit einem Kundendienstmitarbeiter in Kontakt treten, ist dies auch eine Form von Small Talk.

Stellen Sie sich Small Talk als Verbindungsritual und Strategie zum Umgang mit zwischenmenschlicher Distanz vor. Mit kleinen Diskussionen und einer herzlichen Herangehensweise können Menschen einen positiven Eindruck gegenüber anderen erzeugen.

Arbeiten Sie? Sind Sie selbstständig oder sind Sie ein Manager? Selbst wenn Sie ein Student sind, müssen Sie, solange Sie von Menschen umgeben sind, Small Talk-Fähigkeiten besitzen. Wie ist Ihre Freundschaft zu Ihrem derzeit *besten* Freund entstanden? Sie haben ihn/sie wahrscheinlich irgendwo getroffen, haben sich eine Weile angestarrt, und dann hat einer von Ihnen mit Small Talk begonnen.

Heute genießen Sie die Gesellschaft Ihres Freundes und anderer großartiger Menschen, weil Sie auf ihn zugegangen sind – oder die andere Person auf Sie. Neben den sozialen Beziehungen ist Small Talk auch eine wichtige Fähigkeit im Berufsleben, denn diese ermöglicht es, Beziehungen zu Kollegen aufzubauen.

Small Talk bietet einen geeigneten Weg, um in ein freundschaftliches Gespräch einzusteigen. Ein wesentlicher Grund, warum manche Leute Small Talk scheuen ist, dass sie nicht die geeignete Methodik anwenden können. Machen Sie sich keine Sorgen, wenn Sie sich bisher auch nur vergeblich abgemüht haben, Sie werden es neu lernen und Sie werden es am Ende hervorragend können. Lesen Sie einfach weiter.

Eines ist sicher, viele Ihrer Freundschaften wären nicht zustande gekommen, wenn Ihr Small Talk komplett schiefgelaufen wäre. Der Feind des Small Talks ist das unangenehme Schweigen, das folgt, wenn etwas schiefgeht, beispielsweise wenn ein kontroverses Thema angesprochen wird. Mit anderen Worten: Wir müssen unsere Definition von Small Talk erweitern, indem wir definieren, was *kein* Small Talk ist.

Um erfolgreich einen Small Talk zu bestreiten, müssen Sie sich mit dem vertraut machen, was von Ihnen erwartet wird, und was nicht. Ich sage nicht, dass Sie sich alle Ideen und Ansätze dazu merken müssen. Dies ist keine Prüfung. Stattdessen sollten Sie sich mit der Small Talk-Etikette vertraut machen, intensiv üben, und am Ende fühlen sich die Gespräche ganz natürlich und zwanglos an.

Small Talk-Fehler vermeiden

Sehen wir uns einige der Small Talk-Fehler an, die Sie während einer Unterhaltung unbedingt vermeiden sollten.

Über den Ort des Gesprächs hinaus Fragen zu einem Standort stellen

Denken Sie daran, dass der Small Talk wahrscheinlich bei einer Veranstaltung oder an einem ganz neuen Ort stattfindet. Sie haben diese Person gerade kennengelernt, und Sie sollten Ihre Grenzen nicht überschreiten, indem Sie mit dem anderen über einen beliebigen Ort sprechen. Wenn Sie beispielsweise Ihr Kind von der Schule abholen und einem anderen Elternteil begegnen, behalten Sie die örtlichen Aspekte des Small Talks in der Schule.

Sie könnten diesem Elternteil wieder begegnen oder ihn/sie woanders treffen; dann können Sie den Umfang der Unterhaltung erweitern. Die Idee von Small Talk ist es, eine Freundschaft aufzubauen, ohne den Druck zu haben, umfangreiche Informationen preisgeben zu müssen.

Wenn Sie zum ersten Mal im Büro mit einer anderen Person sprechen, versuchen Sie, alle Inhalte auf den Standort der Büroräume zu beziehen. Wenn Sie diese Initiative ergreifen, können Sie unangenehme Pausen vermeiden und die Kontrolle über das Gespräch behalten.

Gespräche darüber, wie viel Geld Menschen mit ihrer Arbeit verdienen

Im Büro sind die Leute immer neugierig darauf, wie viel Geld ihre Kollegen verdienen. Manche Menschen versuchen also, durch

Small Talks Informationen von anderen darüber zu erhalten, indem sie indirekt danach fragen.

Tun Sie dies nicht! Vermeiden Sie dies vor allem in einer Kultur, in der dies ein Tabu ist, wie beispielsweise der amerikanischen. Diese Informationen sind zu persönlich. Vermeiden Sie es, zumindest bis die Freundschaft gefestigter ist. Auch wenn das Thema Gehalt einmal auftaucht, lassen Sie sich nicht auf so eine persönliche Frage mit anderen ein.

Unaufgefordert Ratschläge geben

Dieser Fehler tritt häufig auf, wenn Ihr Gesprächspartner etwas sagt und Sie Ratschläge oder Vorschläge geben, ohne dass Sie danach gefragt wurden.

Wenn die Person beispielsweise Ihr Aussehen als gut und gesund beschreibt, sollten Sie nicht vorschlagen, dass sich die Person in Ihrem Fitnessstudio anmeldet, weil Sie das Gefühl haben, dass er/sie übergewichtig ist. Dieses Beispiel zeigt, wie wichtig es ist, keine ausgefallenen (und in einigen Fällen unhöflichen) Vorschläge zu machen.

Wenn Sie beim Small Talk ein Kompliment erhalten, nehmen Sie es würdevoll an und fahren Sie mit dem nächsten Thema fort. Wenn die Person um Ihren Rat bittet, können Sie ihn anbringen, aber selbst dann sollte er höflich und direkt auf den Punkt gebracht sein.

Fortsetzung eines Gesprächs, wenn die andere Person nicht interessiert ist

Wir haben alle diesen Bekannten, der über ein Thema immer weiterreden kann, auch wenn wir gar nicht daran interessiert sind. Dies beeinflusst den Verlauf und Erfolg eines Small Talks immens.

Wenn Ihr Gesprächspartner sich nicht mehr für das Thema interessiert, wechseln Sie zu einem neuen Thema oder beenden Sie die Unterhaltung! Woher wissen Sie, wann Sie ein Gespräch am besten beenden sollten?

Sie werden aus den Antworten und Reaktionen die Begeisterung der Person herauslesen. Sie werden sehen, ob die Begeisterung nach dem Thema Kaffee hin zu den Büromöbeln stark nachgelassen hat. Achten Sie genau auf die Zeichen des anderen. Lassen Sie Raum. Wenn eine Person plötzlich nicht mehr als ein Nicken anbietet und Sie auf unangenehme Stille stoßen, ist es Zeit, über etwas Neues bzw. Anderes zu sprechen.

Wie erkenne ich die Anzeichen dafür, dass ein Gespräch zu Ende geht?

Anhand eines späteren Beispiels werden Sie feststellen, dass ein wesentlicher Fehler, den die Menschen beim Small Talk machen ist, nicht zu merken, dass die andere Person das Gespräch beenden möchte. Wenn eine Person zum Beispiel zu beschäftigt ist oder noch einen Termin hat, deutet sie dies häufig an, indem sie mit dem Fuß tippt, auf die Uhr schaut oder sich zur nächsten Tür hin bewegt.

In einem späteren Kapitel werden wir uns noch mit Körpersprache und nonverbaler Kommunikation auseinandersetzen. Bevor wir dazu kommen, sollten Sie wissen, dass die Person, wenn sie das Gespräch beenden möchte, Ihnen ein Zeichen gibt und Sie das Gespräch an diesem Punkt auch beenden sollten.

Ihre Meinung zu kontroversen Themen zu äußern, ist nicht optimal

Ihre Meinung zu kontroversen Themen zu äußern, kann ein zweischneidiges Schwert sein. Wenn Sie und Ihr Gesprächspartner ähnliche Ansichten vertreten, können kontroverse Themen ein schneller Weg zu einer Freundschaft sein. Wenn die Person jedoch gegensätzliche Ansichten hat, kann dies zu Anfeindungen oder Streit führen. Vermeiden Sie am besten kontroverse

Themen wie beispielsweise Politik, wenn Sie nicht wissen, wie die andere Person dazu steht.

Wenn jemand anderes ein kontroverses Thema anspricht, suchen Sie nach einer Möglichkeit, die Unterhaltung vorsichtig auf ein sichereres Thema zu lenken. Auf diese Weise vermitteln Sie keinen falschen Eindruck.

Angaben oder Fragen über private Informationen einer Person

Private Informationen über Ihr Leben oder das Leben der anderen Person sind nicht ideal für einen Small Talk. Glauben Sie, dass er/sie, besonders wenn Sie zum ersten Mal miteinander sprechen, begeistert sein wird, private bzw. sensible Informationen mit Ihnen zu teilen?

So wie Ihnen geraten wurde, solche Informationen nicht weiterzugeben, bringen Sie die andere Person nicht in eine unangenehme Position, indem Sie sie danach fragen. Wir sprechen von kleinen Unterhaltungen. Es ist kein Verhör oder ein Weg, einer anderen Person Geheimnisse zu entlocken. Denken Sie also an das K.I.S.S-Prinzip: *Keep It Short & Simple (Halten Sie es kurz und einfach).*

Um all das herauszustellen, was wir bisher besprochen haben, folgt nun ein Beispiel für einen Small Talk zwischen zwei Personen in einer Büroumgebung.

Bitte achten Sie genau auf den *Wortfluss* und beobachten Sie, wie beide kommunizieren. Wir werden anhand des Beispiels erörtern, was in der Diskussion angemessen und was unangemessen war.

Nachdem wir die Fehler gemeinsam identifiziert haben, zeige ich Ihnen einen besseren Weg, wie dieses Gespräch hätte verlaufen können.

Beispiel

Frau: Hallo.

Mann: Hi. Ich habe Sie hier noch nie gesehen. Arbeiten Sie schon länger hier?

Frau: Nein, ich bin erst seit ein paar Monaten hier. Ich arbeite in der Personalabteilung.

Mann: Dann werden Sie wohl mehr Geld verdienen als ich. Ich bin im Vertrieb.

Frau: Vertrieb ist ein spannender Job.

Mann: Es ist in Ordnung. Hey, Sie sehen aus, als könnten Sie einen Kaffee gebrauchen.

Frau: Ja, es war eine hektische Woche.

Mann: Erzählen Sie mir davon! Zumindest soll es ja am Wochenende schönes Wetter geben.

Frau: Ja, ich habe gehört, es wird blauer Himmel vorhergesagt.

Mann: Sagen Sie mal, haben Sie das Spiel letzte Nacht gesehen?

Frau: Nein, ich habe lange gearbeitet.

Mann: Es war ein gutes Spiel. Wir haben gewonnen.

Frau: Ich weiß nicht mal, wer gespielt hat. Ich bin kein Sportfan.

Mann: Die Chiefs! Glauben Sie, sie werden es bis ins Finale schaffen?

Frau: Ich bin nicht sicher. Ich werde jetzt zu meinem Schreibtisch zurückgehen.

Mann: Apropos Schreibtische, was denken Sie über die Büromöbel?

Frau: Diese sind wunderschön, aber ich würde stattdessen lieber meine Überstunden bezahlt bekommen.

Mann: Ich denke, ich werde heute früh nach Hause fahren. Nur für den Fall, dass es schneit.

Frau: Ich weiß. Ich kann das kalte Wetter kaum glauben. Hoffentlich kommt der Frühling bald.

Mann: Ich kann den Frühling kaum erwarten.

Frau: Ich auch! Meine Scheidung wird dann endlich abgeschlossen sein!

Fällt Ihnen auf, dass sich ein Großteil dieser Unterhaltung gezwungen oder unangenehm anfühlt? Haben Sie einige der Fehler gefunden, die wir zuvor besprochen haben? Wenn Sie dies nicht haben, lesen Sie das Beispiel erneut, um die Fehler zu analysieren. Das machen wir jetzt aber auch gemeinsam:

- Der Mann sagte: „Dann werden Sie wohl mehr Geld verdienen als ich", was ein absolut falsches Thema für einen Small Talk ist, weil wir nicht darüber reden sollten, was der andere verdient.
- Ein weiterer Fehler war, als der Mann nach den Chiefs und dem Finale fragte. Hier setzte er ein Thema fort, an dem die Frau nicht mehr interessiert war.
- Haben Sie bemerkt, dass der Mann über die Schreibtische sprach? Er verstand die Hinweise nicht, dass die Frau das Gespräch beenden wollte.
- Die Frau beging auch einen Small Talk-Fehler, indem sie ihre Überstunden erwähnte. Sie äußerte sich zu einem kontroversen Thema, was unangemessen ist.
- Die Frau erwähnte außerdem ihre Scheidung. Dies ist eine vertrauliche und sensible Information, die während eines Small Talks nicht weitergegeben werden sollte.

Wir haben nun die Fehler identifiziert und analysiert. Jetzt möchte ich Ihnen das korrekte Beispiel für das Small Talk-Szenario vorstellen. Diese korrigierte Version wird Ihnen helfen, den Wert von solchen kleinen Gesprächen zu erkennen, wenn sie richtig durchgeführt werden.

Korrigiertes Beispiel

Frau: Hallo.

Mann: Hi! Ich habe Sie hier noch nie gesehen. Arbeiten Sie schon länger hier?

Frau: Nein, ich bin erst seit ein paar Monaten hier. Ich arbeite in der Personalabteilung.

Mann: Oh, das muss der Grund sein, warum ich Sie hier noch nicht gesehen habe. Ich bin im Vertrieb.

Frau: Vertrieb hört sich nach einem spannenden Job an.

Mann: Ist schon okay. Ich könnte einen Kaffee gebrauchen; es war eine hektische Woche.

Frau: Ja, es war auch für mich eine hektische Woche.

Mann: Erzählen Sie mir davon! Zumindest soll es ja am Wochenende schönes Wetter geben.

Frau: Ja, ich habe gehört, es wird blauer Himmel vorhergesagt.

Mann: Sagen Sie mal, haben Sie das Spiel letzte Nacht gesehen?

Frau: Nein, ich habe lange gearbeitet.

Mann: Ich denke, ich werde heute früh nach Hause fahren. Es soll schneien. Ich gehe besser. Bis morgen!

Frau: Wir sehen uns![1]

Dieses Kapitel soll eine Einführung in die Grundidee des Small Talks darstellen. Alles, was wir in den folgenden Kapiteln lernen oder entdecken werden, wird mit diesem Abschnitt in Verbindung stehen. Behalten Sie also alles, was wir hier betrachtet haben, im Hinterkopf.

Es gibt gewisse Herausforderungen beim Thema Small Talk! Einige dieser Herausforderungen werden durch die Persönlichkeit und die Verhaltensmerkmale des Einzelnen verursacht. Im nächsten Kapitel werden Sie zwei solcher Probleme erkennen und lernen, wie Sie diese überwinden können.

---

[1]* Auszüge für das Beispiel des Small Talks stammen von Club.com. Bitte beachten Sie die Referenzliste für einen direkten Link.

KAPITEL 2:

Angst und Schüchternheit überwinden

Viele von uns haben große Angst davor, Small Talk zu führen. Insbesondere introvertierte Personen, die sich zu viele Sorgen machen und im Vornherein der Meinung sind, dass dies unangenehm und langweilig sein wird, oder dass ihnen schon direkt zu Beginn die Worte und Themen ausgehen. In Anbetracht der Entwicklung der Welt und der Art und Weise, wie die Welt heute hauptsächlich auf Beziehungen basiert, ist das Vermeiden von Small Talk gleichzusetzen mit dem Vermeiden von Menschen. Dies ist ein sehr schwieriges Unterfangen, denn die Menschen sind nun einmal überall, und Sie werden sie treffen und Gespräche führen müssen. Firmenveranstaltungen, Partys oder Mittagessen bei der Arbeit bieten immer die Möglichkeit, Menschen zu treffen und Nettigkeiten auszutauschen.

Sie werden bald verstehen, dass Small Talk nicht so unangenehm ist, wie es Ihnen erscheint. Sobald Sie lernen, gewisse Hindernisse zu überwinden, schaffen Sie es, Ihre Fähigkeiten zu verbessern und einen guten Eindruck zu hinterlassen.

Angst und Schüchternheit sorgen dafür, dass sich manche Menschen beim Small Talk unangenehm fühlen. In diesem Kapitel werden wir üben, wie man exzellenten Small Talk durchführt, indem wir zuerst bestimmte Herausforderungen wie Angst und Schüchternheit beseitigen. Hier erfahren Sie, wie wichtig Selbstvertrauen ist, wie Sie Angst in positive Anspannung verwandeln und wie Sie sich auf die Gegenwart konzentrieren können. Machen Sie sich bereit für ein bisschen Stoizismus, während Sie sich selbst entdecken.

Angst in einer Person, wenn sie sich mit einer anderen Person unterhält, bedeutet, dass kein Selbstvertrauen vorhanden ist. Diese Erkenntnis sollte Sie dazu bewegen, Selbstvertrauen als notwendige Fähigkeit für die Durchführung eines erfolgreichen Small Talks aufzubauen. Wir werden viel über Selbstvertrauen sprechen, weil es ein K.O.-Kriterium ist. Aber warum genau ist dieses so essenziell?

Warum ist Selbstvertrauen so wichtig?

Ihr Level an Selbstvertrauen beeinflusst Ihre Gedanken, was bedeutet, dass es entweder den Erfolg Ihres Small Talks steigern oder mindern kann. Wenn Sie wenig selbstsicher sind oder Angst davor haben, mit jemandem einen Small Talk zu beginnen, werden sie versuchen, diese Situation zu vermeiden.

Sie müssen verstehen, dass Sie eine achtenswerte Person sind, die viele spannende Dinge zu erzählen hat. Manchmal liegt die Wurzel für den Mangel an Selbstvertrauen in einem Gefühl der Unwürdigkeit. Wenn wir das Gefühl haben, nicht würdig zu sein, fühlen wir uns weniger selbstsicher, und hier beginnen genau die Probleme.

Denken Sie immer daran: Andere Personen im Büro oder in anderen sozialen Netzwerken suchen nur nach Personen, mit denen sie sich unterhalten bzw. chatten können. Aus diesem Grund müssen Sie sich von dem Druck befreien, der Sie dazu zwingt, andere immer nur „beeindrucken" zu wollen.

Selbstvertrauen bedeutet zu wissen, dass Sie ein Thema auf den Tisch bringen und Ihre Gedanken dazu bestmöglichst teilen können. Wenn Ihr Gesprächspartner denkt, dass Sie sich unwohl oder unsicher fühlen, kann das Gespräch abrupt enden.

Wie können Sie genug Selbstvertrauen aufbauen, um Small Talk zu halten?

Zeigen Sie Interesse

Um Selbstbewusstsein und Attraktivität auszustrahlen, müssen Sie an Ihrem Gesprächspartner und an den angesprochenen Themen Interesse zeigen. Diese Grundlage ist nicht nur ein guter Schritt, um Selbstvertrauen aufzubauen, sondern sie ist auch von entscheidender Bedeutung, denn Sie hilft Ihnen dabei, großartige Small Talks zu führen. Indem Sie Interesse zeigen, tragen Sie außerdem zum Selbstbewusstsein Ihres Gesprächspartners bei. Sie könnten sich fragen: „Wie kann ich Interesse zeigen?" Lassen Sie Ihrer Neugierde einfach freien Lauf! Vielleicht lernen Sie noch etwas Neues.

Seien Sie beziehungsfreudig

Es ist auch wichtig, dass Sie das Gespräch nicht monopolisieren. Dazu müssen Sie versuchen, eine Beziehung herzustellen. Die andere Person soll sich als Teil des Gesprächs fühlen und sich auf das beziehen können, was Sie sagen.

Wenn die Person angibt, dass sie gerne fitter werden möchte, könnten Sie ergänzen, dass Sport für eine gute Gesundheit eine entscheidende Rolle spielt und sie sich darüber einig sind (oder so ähnlich). Bringen Sie Ihre Beobachtungen in das Gespräch ein, teilen Sie beziehungsrelevante Erfahrungen und bleiben Sie ruhig.

Stellen Sie Fragen

Sie müssen keine tiefgreifenden Fragen stellen, die viel Nachdenken erfordern. Stellen Sie einfache Fragen: „Wie war Ihre Woche?", „Gefällt Ihnen die Veranstaltung?", und hören Sie auf die Antwort. Stellen Sie keine Fragen, weil Sie sich dazu gezwungen fühlen, ohne auf die Antwort zu achten.

Um den Gesprächsfluss am Laufen zu halten, können Sie auch Folgefragen stellen, die zeigen, dass Sie der Person zuhören. Wenn die Person zum Beispiel sagt, dass ihr die Veranstaltung nicht gefällt, könnten Sie einfach nach dem Grund zu fragen.

Seien Sie präsent

Wenn Sie zu 100 % präsent sind, zeigen Sie bei Unterhaltungen ein höheres Maß an Selbstvertrauen. Ein Lächeln schadet nie, verschränken Sie ihre Arme nicht, und vermeiden Sie es, sich über die Schulter zu schauen (das macht den Eindruck, als ob Sie gelangweilt wären und gehen möchten).

Noch wichtiger ist, dass Sie beim Small Talk die Hände von Ihrem Smartphone oder mobilen Gerät lassen.

Wenden Sie die Zwanzig-Sekunden-Regel an

Dr. Mark Goulston, ein klinischer Psychiater und Kommunikationsexperte, schwört auf die 20-Sekunden-Regel, denn diese ist entscheidend für erfolgreichen Small Talk. Dr. Goulston spricht davon, dass sich die andere Person im Gespräch nur für das interessiert, was Sie in den ersten zwanzig Sekunden sagen.

Darüber hinaus beginnt die andere Person das Interesse zu verlieren. Zudem könnte der andere den Fehler machen und Sie für zu ich-bezogen zu halten. Üben Sie diese Regel, um sie zu beherrschen.

Verwandeln Sie Angst in freudige Anspannung

Stellen Sie sich freudige Anspannung und Angst als zwei Seiten einer Medaille vor. Sie könnten es dem Zufall überlassen, welche Seite Sie zeigen. Versuchen wir jedoch eine andere Strategie. Sie wählen, welche Seite offen zu sehen ist.

Wenn Sie ängstlich oder aufgeregt sind, schlägt Ihr Herz schneller. Sie spüren ein schnelles Atmen, ein leichtes Zittern, verschwitzte Handflächen und ein ungewöhnlich angespanntes Gefühl. Sie fühlen sich ebenfalls nervös, unkonzentriert und sind manchmal schlaflos.

Es gibt Ähnlichkeiten zwischen den Symptomen der Angst und denen der freudigen Anspannung. Warum also nicht eines (was negativ ist) zum anderen (was positiv ist) drehen? Wann immer

Sie sich ängstlich fühlen, führen Sie ein kurzes Gespräch mit sich selbst und versetzen Sie sich in freudige Anspannung. Verinnerlichen Sie diese Methode und wenden diese an, wann immer Sie sich unwohl fühlen.

Ja, es ist möglich, sich darin zu üben, Angst immer in freudige Aufregung zu verwandeln, und es ist einfacher als Sie denken. Bisher bestand das Ziel darin, ruhig zu bleiben, d.h. die Angst zu unterdrücken. Aber wäre es nicht besser, all diese Energie zu nehmen und sie in etwas Produktiveres zu verwandeln?

Wie machen Sie das? Ich möchte, dass dieser Prozess für Sie so reibungslos und natürlich wie möglich verläuft. Aus diesem Grund habe ich eine einfache Schritt-für-Schritt-Anleitung erstellt.

Schritt Eins: Nehmen Sie Ihre Gefühle wahr

Versuchen Sie nicht, den gefühlten Angstzustand abzuwehren. Wenn Sie nervös sind, erlauben Sie sich, damit umzugehen. Ja, es wird unangenehm sein, aber Sie müssen es erdulden und sich der empfundenen Gefühle bewusstwerden. Wie fühlen Sie sich? Sind Sie unruhig? Zittern Sie? Schwitzen Sie? Nehmen Sie all diese Emotionen und Symptome an, und diese werden Sie nicht erdrücken.

Schritt Zwei: Stopp! Stehen Sie sich nicht selbst im Weg

Hören Sie als nächstes auf, sich selbst im Weg zu stehen. Wenn Sie es zulassen, dass Sie selbstsabotierende Gedanken behindern, werden Sie hinter Ihren Erwartungen zurückbleiben. Vielleicht haben Sie in Zeiten des Erfolgs bemerkt, dass Sie zum Beispiel während einer Präsentation nie aufgehört haben, nervös zu sein. Dazu sagten Sie sich nicht mehr *„Ich kann nicht"*, sondern Sie *taten* es einfach.

Schritt Drei: Bauen Sie für sich freudige Anspannung auf

Zu diesem Zeitpunkt müssen Sie Ihre Emotionen neu ausrichten, indem Sie sich sagen, es ist an der Zeit, Anspannung aufzubauen. Erkennen Sie das Gefühl der Aufregung und *nicht* der Angst an (hier entscheiden nur Sie allein). Wenn Sie genug getan haben und sich selbst davon überzeugen, dass Sie aufgeregt sind, werden Sie es auch sein.

Schritt Vier: Visualisieren Sie einen erfolgreichen Small Talk

Die Rolle der Visualisierung ist bedeutend! Stellen Sie sich eindrucksvoll vor, was Sie gleich tun werden. Stellen Sie sich immer Details der Unterhaltung vor, die Sie in Ihrer Fantasie sehen, hören und fühlen können.

Die meiste Zeit spielt sich das, was Sie sich in Ihrer Fantasie vorgestellt haben, auch ab. Wenn Sie sich ein misslingendes Gespräch vorstellen, werden Sie eines erleben. Wenn Sie sich ein erfolgreichen Small Talk vorstellen, werden Sie diesen bekommen – natürlich nur, wenn Ihre Erwartungen angemessen sind.

Fokus auf die Gegenwart

Die Gegenwart ist vergänglich, daher der Ausdruck „Nutze die Zeit im Hier und Jetzt", weshalb Sie das Beste daraus machen sollten. Selbstvertrauen lässt Sie die Gegenwart genießen und keinen Gedanken an das, was in der Zukunft passieren könnte, verschwenden.

Dies hört sich gegensätzlich zu den Hinweisen zur Visualisierung an und ist es in gewissem Maße auch. Sie visualisieren etwas, das in Zukunft möglicherweise passieren kann – oder auch nicht. Allerdings besteht der Sinn darin, in der Gegenwart zu bleiben, ohne die Gedanken zur Zukunft zu vergessen – schließlich ist Ihr Ziel ein erfolgreicher Small Talk. Es geht vielmehr darum, dass Sie in den Momenten, die zählen, nicht länger Tagträumen. Sie sind da. Sie sind präsent.

Der Gesprächsmoment ist das, was zählt, also hören Sie auf zu antizipieren, was alles schief gehen könnte. Hören Sie auf zu viel darüber nachzudenken, ob Sie stottern, etwas Falsches sagen oder etwas mit schwerwiegenden Folgen für die Zukunft tun werden.

Zerstörerische Gedanken haben nur einen Zweck: Sie zu desorientieren und Selbstzweifel zu verursachen.

Lassen Sie uns eine kleine fantasievolle und achtsame Übung durchführen. Stellen Sie sich in diesem Moment vor, dass es keine Zukunft und keine Vergangenheit gibt, nur den gegenwärtigen Moment. Vergessen Sie die Erfahrungen, die Sie in der Vergangenheit, in der Schule, zu Hause, in der Kindheit, an der Universität usw. gemacht haben, und konzentrieren Sie sich auf das Hier und Jetzt.

Wie fühlen Sie sich? Ohne Sorgen aus der Vergangenheit? Ohne Sorgen und Druck um die Zukunft? Jetzt entspannen Sie sich und verbinden Sie sich mit dem gegenwärtigen Moment und konzentrieren Sie sich nur auf sich selbst.

Sagen Sie mir. Was fühlen Sie? Die Antworten werden unterschiedlich ausfallen, aber eines ist sicher: Sie werden auf jeden Fall Ihr authentischstes Ich darstellen. Sie werden das sagen, was Sie sagen möchten und tun, was Sie tun möchten. Sie werden frei sein! Es wird keine Konsequenzen oder Reue geben.

Die obige Übung repräsentiert eine einfallsreiche Utopie, aber ich wollte Ihnen zeigen, wie viel Freiheit Sie genießen können, wenn Sie sich auf die Gegenwart konzentrieren. Wer schüchtern ist, denkt oft nach und macht sich Sorgen darüber, was die Leute über ihn denken und sagen.

Sie müssen all diese Sorgen beiseitelegen und frei sein, selbstsicher und sich sicher sein, dass das, was Sie tun, gut ist. Vergessen Sie nie, dass Sie möglicherweise keine weitere Gelegenheit mehr bekommen, mit derselben Person erneut einen Small Talk zu führen. Wenn Sie ihn/sie in Zukunft treffen, wird das eine Fortsetzung des ersten Gesprächs sein.

Also rate ich Ihnen, dass Sie sich entspannen und einen Schritt nach dem anderen nehmen sollen. Konzentrieren Sie sich auf die Durchführung eines Small Talks im Büro, bevor Sie an die Hochzeitsfeier denken, an der Sie nächste Woche teilnehmen müssen.

Nehmen Sie sich alles nacheinander vor, und Sie werden großartig sein. Achtsamkeitsmeditation ist eine großartige Möglichkeit für solch eine Übung.

Erkennen Sie sich selbst

Ja, es ist Zeit für etwas Philosophie. Eine Möglichkeit, sich selbst zu erkennen, ist die Philosophie des Stoizismus. Erstmals entwickelt im antiken Griechenland ca. 300 v.Chr., trägt die Übernahme der Prinzipien durch den bekannten römischen Kaiser Marcus Aurelius wahrscheinlich dazu bei, dass die Popularität des Stoizismus bis heute anhält und die Philosophie immer mehr von theoretischen zu praktischen Anwendungen übergeht.

Der moderne Stoizismus lehrt, dass Tugend Glück ist und unser Urteil auf Verhalten statt auf Worten beruhen sollte. Diese Idee lehrt uns, dass wir uns nur auf uns selbst und nicht auf äußere Ereignisse verlassen können. Dies bedeutet, dass Sie verstehen müssen, dass Sie bei einem Small Talk die Erzählung der anderen Person nicht kontrollieren können, sondern nur Ihre eigene steuern können und müssen. Der moderne Stoizismus ist ein Werkzeug, mit dem wir bessere Menschen sein können, die sich in Ihren Berufen, Beziehungen und sogar in der Kommunikation mit Fremden übertreffen, weil wir uns der Macht bewusst sind, uns selbst zu kennen.

Stoizismus fördert einen meditativen Prozess, der es Ihnen ermöglicht, negative Gefühle in Gedanken umzuwandeln, die Ihnen Frieden und eine bessere Perspektive auf das Leben geben. Diese philosophische Idee hilft Ihnen, eine bessere Denkweise zu entwickeln, und ermöglicht es Ihnen, nach innen zu schauen, indem Sie sich selbst Fragen zum Leben stellen. Wie können all diese Ansätze dazu führen, dass Sie sich selbst besser kennen?

Nun, wenn Sie so viel Zeit damit verbringen, nach innen zu schauen und Antworten auf die Situationen zu erhalten, die Sie finden wollen, werden Sie aufrichtig zu sich selbst sein. Sie erfahren, wie Sie denken, woran Sie arbeiten müssen und wie Sie besser mit anderen in Beziehung treten können (insbesondere durch Small Talk).

Um sich selbst zu kennen, müssen Sie die Art des sozialen Umfelds ermitteln, in dem Sie sich entwickeln können. Ja, es ist bedeutend, sich an jede soziale Situation anpassen zu können, aber es ist wichtig, dass Sie sich selbst kennen und wissen, wo Sie sich am Wohlsten fühlen.

Stoizismus hilft Ihnen dabei, sich selbst besser zu kennen, und in diesem Zustand werden Sie unabhängig von Ihrem Charaktertyp (introvertiert oder extrovertiert) die Art von Situationen erkennen, die Sie genießen können. Wenn Sie beispielsweise mit dem Üben Ihres Small Talks beginnen, vermeiden Sie es, Orte zu verwenden, an denen Sie sich nicht wohlfühlen, und halten Sie sich an diejenigen, die für Sie natürlich sind.

Was wissen Sie über sich selbst? Mögen Sie Treffen in kleinem Kreis? Große Partys? Sind Sie eine sehr extrovertierte Person? Dies sind Fragen, die ich Ihnen nicht beantworten kann, aber die Ihnen helfen, den Weg zu sich selbst zu finden.

Wenn Sie große Veranstaltungen nicht mögen, werden Sie wohl eine schwierige Zeit mit Small Talks vor sich haben. Auf der anderen Seite, wenn Sie kleinere Treffen lieben, werden Sie wahrscheinlich mit fast jedem im Raum sprechen, bevor die Party endet.

Sie können sehen, dass sich die Dynamik eines Small Talks abhängig von Ihrer Person und Ihren Vorlieben ändert. Eine introvertierte Person möchte wahrscheinlich zunächst einmal privater üben.

Die Philosophie mag ein Hilfsmittel sein, aber in Wirklichkeit gibt es kein allgemeines Handbuch für das Miteinander. Denken Sie daran, „Perfektion ist der Feind des Guten", wie Voltaire sagte. Tun Sie, was für Sie am besten funktioniert, und gehen Sie Ihren Weg, während Sie besser werden. Stoizismus kann Ihnen helfen, sich für das zu begeistern, was Sie tun, weil Sie sich selbst kennen. Sie wissen, was Sie tun können und sind bereit, jede Situation zu meistern.

Wenn Sie eine Person treffen, die nicht selbstbewusst ist, werden Sie feststellen, dass ihre Gespräche nicht die vollständige Persönlichkeit widerspiegeln, da sie unsicher ist. Ich möchte nicht, dass Sie dieses Buch lesen und versuchen, Small Talk zu implementieren, während Sie unsicher sind.

Üben Sie Stoizismus, seien Sie achtsam und genießen Sie den Prozess, sich selbst kennenzulernen.

Was passt zu Ihrem Charakter?

Das Konzept von Rationalität und Irrationalität variiert von Person zu Person, und dies gilt auch für die Vorstellung von Gut und Böse. Diese Erkenntnis drückt einen wichtigen Grund aus, warum wir lernen müssen, vorgefasste Meinungen über diese Ideale anzupassen.

Sie müssen verstehen, dass das, was für Sie nützlich sein könnte, für andere als unnütz angesehen werden kann. Wenn Sie diesen „Jemanden" treffen, der Ihr Gutes als böse ansieht, werden Sie dies für ihn ändern? Können Sie Ihrem Charakter trotz der Meinungsverschiedenheiten auf der Welt treu bleiben?

Um beim Small Talk erfolgreich zu sein und gleichzeitig Angst und Unruhe zu bekämpfen, müssen Sie Ihrem Charakter treu bleiben. Die Welt ist sehr vielfältig, und man kann schnell seine Identität verlieren, besonders wenn man seinen Charakter nicht kennt.

Während eines gesellschaftlichen Ereignisses ist es für Sie viel einfacher, irrationale Ängste zuzulassen, und sich Meinungen anzupassen. Sie werden das Gefühl haben, einem unsichtbaren Skript, Mustern und Anweisungen zu folgen, da Sie unter dem Druck stehen, einem bestimmten sozialen Verhalten gerecht werden zu müssen.

Aber je mehr Sie wissen, wer Sie sind, desto einfacher wird es für Sie, Ihr eigener Kompass zu werden. Sie werden Ihre Überzeugungen und Gedanken schätzen und lieben, weil sie Ihnen allein gehören. Sie werden Ihre Ideen gerne teilen, weil Sie wissen, dass solche Gedanken niemand anderem gehören.

Charakter ist mächtig!

Ihr Charakter ist ein Werkzeug, mit dem Sie im Inneren herausfinden können, woran Sie glauben und welche Interessen Sie haben, denn dies sind Ihre Unterscheidungsmerkmale, die Sie von anderen abheben. Da es bei Small Talks nur darum geht, authentische Verbindungen herzustellen, müssen Sie selbst an sich glauben, weshalb Sie sich auch selbst kennen müssen. Ihre Worte und Handlungen sollten widerspiegeln, wer Sie sind.

Wenn Sie Diskussionen initiieren, fühlen Sie sich dann wie Sie selbst? Oder verspüren Sie den Druck, auf eine Art und Weise zu sprechen zu müssen, die der anderen Person gefällt? Ändern Sie leicht Ihre Meinung, um sich an den anderen anzupassen?

Ihre Erfahrungen mit Small Talk werden um ein Vielfaches einfacher, wenn Sie Ihrem Wesen und Charakter treu bleiben. Sie umgehen auch falsche Beziehungen, falsche Personen, schlechte Jobs, Schönwetter-Freunde (sie verschwenden zu viel Energie) und weiterem Übel in Bezug auf Menschen, die ihren eigenen Charakter nicht kennen.

Bitte beachten Sie, dass diese Erkenntnis über Charakter nicht bedeutet, dass Sie sich auf eine Reise der Selbstfindung begeben müssen. Ich rate Ihnen lediglich, sich Fragen zu stellen, die ein Gefühl der Wahrnehmung für sich selbst in Ihnen hervorruft.

Alle Arten von Gesprächen sind mit Verbindungen verknüpft, aber der Zweck jeder Verbindung mit anderen geht verloren, wenn Sie nicht daran festhalten, wer Sie jetzt sind. Die Menschen, mit denen Sie interagieren, werden die ganze Zeit auf ein „anderes Sie" treffen, wenn Sie einen inkonsistenten Charakter haben.

Erinnern Sie sich daran, als Sie zu Ihrem ersten Date gegangen sind? Sie waren wahrscheinlich schwindlig vor Aufregung, weil Sie sich darauf freuten, Ihr Date endlich zu treffen. Der Grund für die Vorfreude ist, dass Sie es kaum erwarten konnten, mehr über diese Person zu erfahren.

So wie Sie es kaum erwarten konnten, Zeit mit einem vollkommen Fremden zu verbringen, müssen Sie Zeit mit sich selbst verbringen wollen. Wenn Sie Zeit mit sich selbst verbringen, können Sie Ihre Interessen in Einklang bringen und die wahre Natur Ihres Charakters kennenlernen. Wenn Sie Ihre Persönlichkeit kennen, können Sie Ihr Level an Selbstvertrauen schärfen, Ängste beseitigen und den Verbindungsprozess mit anderen mehr genießen.

Angst und Unruhe lähmen nur diejenigen, die sich anderen gegenüber verlieren. Was können Sie tun, um dies zu beheben? Nehmen Sie sich mit auf Verabredungen, wissen Sie, worauf Sie sich in der Gegenwart fokussieren, und wandeln Sie Ihre Angst in Aufregung um.

Dieser Prozess der Selbstfindung, der Beseitigung von Angst und der Beherrschung des Selbstvertrauens ist ein wichtiger Bestandteil eines Small Talks. Wir machen Fortschritte! Im nächsten Abschnitt erfahren Sie alles über den Sozialkodex und wie dieser mit der Durchführung eines Small Talks in Verbindung steht.

KAPITEL 3:

Nonverbale Kommunikation und der Sozialkodex

Angstfreie und furchtlose Menschen, wie in Kapitel 2 beschrieben, werden mit diesem Abschnitt keine Schwierigkeiten haben. Hier erfahren Sie alles über das Konzept eines sozialen Verhaltenskodex, der eng mit dem Vier-Seiten-Modell, auch als Kommunikationsquadrat oder Vier-Ohren-Modell bezeichnet, verwandt ist.

Dieses Kapitel hilft Ihnen, Missverständnisse zu vermeiden. Die Konzepte in diesem Kapitel zeigen Ihnen, wie Sie schlüssig sprechen und bei allen Small Talks Erfolg haben.

Schauen wir uns ein Kommunikationsmodell an, das der deutsche Psychologe Friedemann Schulz von Thun, Experte für zwischenmenschliche und intrapersonelle Kommunikation, entwickelt hat. Basierend auf seinem Modell hat jede Nachricht vier wesentliche Teile, die nicht gleich sind, sondern einzeln betrachtet werden müssen. Die vier Aspekte der Botschaft umfassen sachliche Informationen, Revision, Beziehung und Selbstoffenbarung.

Worauf kommt es bei einem Small Talk an? Wenn Sie mehr über diese Art der Kommunikation lernen, werden Sie besser darin. Je besser Sie in der Kommunikation sind, desto weniger Missverständnisse werden Sie haben.

Um das Vier-Seiten-Modell zu verstehen, müssen wir mit den beiden beteiligten Personen und der Nachrichtenkomponente beginnen:

1. Absender

Der Absender ist die Person, die die Nachricht übermittelt, das ist also die Person, die etwas sagt. Wenn Sie sich mit jemandem unterhalten, sind Sie zu der Zeit, zu der Sie sprechen, der Absender.

2. Empfänger

Der Empfänger empfängt die Nachricht. Diese Person hört dem Absender zu.

3. Nachricht

Die Nachricht ist der eigentliche Inhalt dessen, was der Absender sagt: die Worte und der Tonfall, in dem diese übermittelt werden.

Wenn Sie sich an einem Small Talk beteiligen, sind alle drei Komponenten präsent. Ob Sie Missverständnisse vermeiden können oder nicht, hängt von Ihrer Fähigkeit ab, alle drei Komponenten gleichzeitig zu verarbeiten. Viele Missverständnisse resultieren aus einem Empfänger, der nur auf eine Komponente achtet, ohne die anderen dabei zu berücksichtigen.

Im Folgenden werden die vier Seiten der Kommunikation einzeln vorgestellt. Wir werden jede Stufe analysieren.

Die Stufe der sachlichen Information

Die erste Kommunikationsebene im Vier-Seiten-Modell ist die Sachebene. Wie der Name der Ebene andeutet, handelt es sich um die während der Kommunikation ausgetauschten Fakten: objektive Daten, ohne subjektive Angaben. Wenn ich zum Beispiel sage: „Der Laptop kostet 599,99 Euro„, so ist das eine Tatsache. Es sind einfach nur Daten.

Sachlich Informationen werden jedoch nicht immer als Tatsache vermittelt. Manchmal schließt der Empfänger daraus etwas. Denken Sie daran, dass viele der missverstandenen Informationen implizit sind. Nehmen Sie diesen Satz als Beispiel: „Ich habe lange gebraucht, um hierher zu kommen. Die Fahrt war schwierig." Dies könnte als „viel Verkehr" interpretiert werden. Ist es das, was gesagt wurde? Nicht unbedingt. Auch auf sachlicher Ebene können Missverständnisse auftreten.

Die Stufe der Selbstenthüllung oder Selbstoffenbarung

Während der Kommunikation handelt es sich bei der Stufe der Selbstoffenbarung um Informationen über den Absender, die implizit enthüllt wurden (oder zumindest für offenbart gehalten werden). Wenn ich zum Beispiel sage: „Warum mögen Sie überhaupt Grünkohl", dann können Sie daraus schließen, dass ich keinen Grünkohl mag, weil ich Sie ungläubig danach gefragt habe.

Es ist jedoch wichtig zu bedenken, dass dies eine Schlussfolgerung ist. Es kann wahr sein oder auch nicht. Dies unterscheidet sich von der sachlichen Ebene des Vier-Seiten-Modells, weil es keine Tatsache, sondern eine Vermutung ist.

Die Stufe der Beziehungsebene

Bei der Analyse von Small Talk werden manchmal Informationen über die Beziehung zwischen dem Absender und dem Empfänger (oder über sich selbst und einem anderen) enthüllt. Wenn ein Absender mit einem Empfänger spricht, sendet dieser möglicherweise einen Hinweis an den Empfänger, um ein bestimmtes Gefühl ihm gegenüber zu zeigen. Mit anderen Worten, auf der Beziehungsebene ermittelt der Empfänger: „Er/sie denkt *dies/das* über mich."

Dies ist eine weitere Schlussfolgerung, die eher auf impliziten als auf expliziten Informationen beruht. Wenn ich zu einem Freund, der unerwartet oder ohne Einladung zu einer Party erscheint, sage: „Was machst du hier?", könnte diese Person dies als

„Er mag mich nicht„ oder „Wir sind keine guten Freunde" interpretieren. Auch das ist nicht notwendigerweise bewiesen oder widerlegt.

Die Revisionsstufe

Auf der Stufe der Revision versucht der Empfänger zu ermitteln: „Was will der andere (der Absender)?" Hier ist ein Beispiel. Ihr Chef sagt: „Wenn wir diese Berichte früher gehabt hätten, hätten wir besser reagieren können." Sie könnten dies so interpretieren, dass der Chef meint „Erstellen Sie die Berichte früher."

Jede der obigen Ebenen kann individuell zwischen Absender und Empfänger fehlinterpretiert werden, die Absicht der Nachricht kann unterschiedlich sein, aber die gleiche Bedeutung haben. Wenn Menschen die Dinge anders verstehen, neigen sie auch dazu, anders zu reagieren bzw. zu antworten.

Im Folgenden finden Sie ein Beispiel dafür, wie die vier Seiten dieser Kommunikationsart funktionieren:

Während einer Party treffen sich zwei Personen am Buffet, eine ist der Caterer und die andere ist ein Gast.

Absender: „Diese Pasta beinhaltet Proteine"

Die potenzielle Absicht des Absenders basierend auf den vier Ebenen lautet wie folgt:

Sachebene: Die Nudeln enthalten Proteine.

Revisionsebene: Sag mir, welche Art von Protein!

Beziehungsebene: Sie sollten wissen, welche Art von Protein.

Ebene der Selbstoffenbarung: Ich mag keine Proteine in meinen Nudeln.

Wahrnehmung bzw. empfundene Absicht des Empfängers durch Analyse (denken Sie daran, dass der Empfänger hier der Caterer ist).

Sachebene: Die Nudeln enthalten Proteine.

Revisionsebene: Ich kann nicht kochen, was Sie möchten, weil dies eine Party ist.

Beziehungsebene: Hinterfragen Sie meine Art zu kochen?

Ebene der Selbstoffenbarung: Sie wissen nicht, durch welches Protein Sie sich unwohl fühlen.

Dieses Pasta-Beispiel zeigt, wie leicht es zu Missverständnissen zwischen Sender und Empfänger kommt. Es besteht immer eine große Gefahr von Missverständnissen während eines Small Talks. Daher müssen Sie wissen, auf welche Art und Weise Sie miteinander kommunizieren müssen, damit alle Ebenen synchron sind, um eine gewisse Klarheit zu erreichen.

Der Absender hat immer eine Intention, die in der Nachricht versteckt bzw. implizit ist. Der Zweck der Nachricht ist, was er vermitteln möchte. Der Empfänger hingegen analysiert die Informationen, indem er sie diese mit seinen Überzeugungen, Erfahrungen und Werten abgleicht. Stellen Sie sich den Prozess folgendermaßen vor:

Absender: Intention = Wahrheit

Empfänger: Wahrnehmung = Wahrheit

Die Wahrheit des Absenders = Die Wahrheit des Empfängers?

Bitte beachten Sie, dass die Wahrheit des Empfängers möglicherweise nicht die Wahrheit des Absenders ist. Dieser Prozess geschieht so schnell und das meiste davon erfolgt unbewusst. Einige Menschen haben eine Art Standardkanal, über den sie aufgrund früherer Erfahrungen, ihres Glaubenssystems usw. Nachrichten senden und empfangen.

Um Missverständnisse zu vermeiden, müssen Sie wissen, wie Sie das Vier-Seiten-Modell beim Small Talk effektiv einsetzen können. Und wieder ist die einzige Möglichkeit, dies zu erlernen, das absichtliche und beharrliche Üben. Wie können Sie anfangen zu üben, um sich zu verbessern?

Im Folgenden zeige ich Ihnen, wie Sie eine Small Talk-Situation von beiden Seiten (als Sender und Empfänger) am besten bewältigen können. Sie können mit beiden Ideen üben, bis Sie es vollständig beherrschen.

Beginnen Sie mit der ersten Phase der Kommunikation: Dem *Denken*. Wenn Sie der Absender sind, denken Sie bitte darüber nach, was Sie sagen möchten und welche Intention dahintersteckt. Welche Informationen möchten Sie senden? Wenn Sie ein Empfänger sind, achten Sie auf die genauen Informationen, die Ihr Partner kommuniziert, und darauf, wie Sie die Nachricht sonst noch verstehen könnten.

Als Nächstes müssen Sie als Absender sicherstellen, dass Ihre Absichten eindeutig und nicht vage sind. Fragen Sie, was der Empfänger gehört hat und was er aus dem Gespräch schlussfolgert, bevor Sie etwas Neues sagen.

Wenn Sie der Empfänger sind, fragen Sie, ob Sie den Inhalt richtig verstanden haben. Sie könnten dabei etwas in der Art sagen: „Meinen Sie …?" Oder: „Um es klarzustellen, meinen Sie …"

Diese Übung kann für alle vier Ebenen der Kommunikation wiederholt werden. Sie werden von der Tatsache begeistert sein, dass alle Ihre Nachrichten ohne Missverständnisse empfangen werden. Durch Übung können Sie Fortschritte bei der Verwendung dieses Modells erzielen.

Das Verständnis ist entscheidend für den Erfolg von Small Talk, und es beginnt damit, viel über die verschiedenen Aspekte der Sprache zu wissen, die in diesem Kapitel analysiert wurden. Jetzt wissen Sie, wie das Vier-Seiten-Modell funktioniert und wie Sie es für Ihre Small Talk-Erfahrung verwenden können.

Können wir zu einer anderen spannenden Idee übergehen? Ich gehe davon aus, dass dies ein klares „Ja" ist. Betrachten wir als

Nächstes die Rolle der nonverbalen Kommunikation. Die Details des nächsten Kapitels übernehmen einige Inspirationen aus diesem Kapitel, da nonverbale Kommunikation wichtig ist, wenn man andere Personen verstehen möchte.

KAPITEL 4:

Verwenden der Körpersprache in einem Small Talk

Nonverbale Kommunikation ist so alt wie die Menschheit selbst und genauso wichtig wie verbale Kommunikation. Aber warum widmen wir dieser nicht so viel Aufmerksamkeit wie verbaler Kommunikation? Höchstwahrscheinlich, weil wir dazu erzogen worden sind, auf Worte zu hören, ohne Körperbewegungen zu sehr zu beachten.

Dieses Kapitel konzentriert sich auf die nonverbale Kommunikation als wesentlichen Bestandteil zur Durchführung eines Small Talks. Sie lernen, wie Sie nonverbale Hinweise nutzen können und die Körperbewegungen der Menschen beobachten können, um während der Kommunikation bereits einige Antworten zu erhalten. Lassen Sie uns am besten gleich loslegen!

Haben Sie jemals etwas gesagt, ohne es wirklich *gesagt* zu haben? Denken Sie darüber nach, bevor Sie antworten.

Wenn Ihre Antwort *Ja* lautet, stimmen Sie sicherlich zu, dass nonverbale Kommunikation eine schnellere Möglichkeit zum Senden einer Nachricht sein kann. Zeigen, Handbewegungen, Kopfneigungen und Ähnliches können zur Übermittlung von Nachrichten und sogar zur Vermeidung der in Kapitel 3 behandelten Missverständnisse beitragen.

Laut einer Studie von Professor Mehrabian erfolgt eine zwischenmenschliche Kommunikation zu 7 % verbal und zu 93 % nonverbal. Die nonverbale Komponente stellt sich mit 55 % durch die Körpersprache und mit 38 % durch den Tonfall dar. Das bedeutet, dass Sie mit Ihren Worten etwas sagen können, Ihre Körpersprache jedoch eine völlig andere Botschaft senden kann.

Das Ziel für alle, die sich beim Small Talk verbessern möchten, sollte es sein, ihr Verständnis und ihre Verwendung von nonverbalen Signalen zu verbessern, damit sie das, was sie vermitteln wollen, ohne Widerspruch auch vollständig ausdrücken können. Wenn Sie keine Missverständnisse aufkommen lassen wollen und engere Beziehungen aufbauen möchten, müssen Sie für Ihre verbale und nonverbale Sprechweise dieselbe Sprache verwenden.

Aufgrund der Natur eines Small Talks haben Sie möglicherweise nicht die Gelegenheit, ein Missverständnis zu korrigieren, indem Sie sagen: „Oh, das habe ich gemeint." Dies ist ein Small Talk. Er ist kurz und soll Beziehungen aufbauen. Es gibt wenig Raum für Fehler. Sie haben nur wenige Minuten Zeit, um Ihre Nachricht bestmöglich zu übermitteln.

Wenn Ihre nonverbalen Hinweise mit Ihren gesprochenen Worten übereinstimmen, erhöht dies die Klarheit, das Verhältnis und das Vertrauen zwischen Ihnen und der anderen Person. Wenn diese nicht gleichgerichtet sind, kommt es zu Spannungen, Verwirrung und Misstrauen. Sie müssen sehr feinfühlig für diese Ideen sein, um ein besserer Kommunikator zu werden. Mehr noch, Ihre Sensibilität muss über die verbale hin zur nonverbalen Kommunikation hinausgehen.

Stellen Sie sich vor, Ihr bester Freund oder Ihr Ehepartner ist kurz vor dem Abendessen zu Ihnen nach Hause gekommen. Die Lippen waren angespannt, das Gesicht rot und die Augenbrauen hochgezogen. Die Person weigerte sich, mit irgendjemandem zu sprechen. Nachdem diese im ganzen Raum auf und ab gegangen war, warf die Person ihre Tasche auf die Couch und ließ sich auf den Stuhl neben dem Fenster fallen. Nachdem sie einige Sekunden lang aus dem Fenster geschaut hatte, fragten Sie: „Geht es dir gut? Ich hoffe alles ist in Ordnung?". Die Antwort darauf war nur: „Mir geht es gut."

Welche dieser Botschaften werden Sie glauben? Die verbale Kommunikation, die besagt, dass es Ihrem Gegenüber gut geht, oder die nonverbalen Hinweise, die aus dem Tonfall und dem Verhalten Ihres Gegenübers bestehen und etwas anderes ausdrücken? Ich denke, Sie werden höchstwahrscheinlich den nonverbalen Hinweisen glauben.

Im Folgenden erfahren Sie, welche verbalen Hinweise Sie geben sollten, und wie Sie mit der Körpersprache erfolgreich kommunizieren können. Bitte beachten Sie, dass einige der Ideen, die Sie weiter unten finden, auch kulturelle Bedeutungen haben. Deshalb möchte ich einige Erklärungen zu deren Auswirkungen geben. Wir müssen anderen Personen gegenüber immer respektvoll sein, wenn wir kommunizieren.

Was genau sind nonverbale Hinweise?

Laut Patti Wood, einem Autor und Experten für Körpersprache, stellen nonverbale Hinweise den größten Teil der Kommunikation zwischen Menschen dar, ohne dass sie eine direkte Übersetzung benötigen. Diese Hinweise können in Form von Nuancen in der Stimme, der Körperbewegungen, der Körperorientierung, der Mimik, der Auswahl und der Bewegung der Objekte, die zur Kommunikation beitragen, sowie in Details der Kleidung vorliegen. Raum und Zeit können auch nonverbale Hinweise sein.

Einfach ausgedrückt, nonverbale Hinweise sind die Art und Weise, wie Sie sich zeigen, ausdrücken und sich präsentieren, und eben nicht nur die Worte, die aus Ihrem Mund kommen. Diese nonverbalen Hinweise sind in Ihrem Unternehmen und bei der Arbeit sehr wichtig, weil „Wahrnehmung Realität ist".

In der Kommunikation spielen unsere Sinne eine unerlässliche Rolle, da alles gute Gewissen, jede Glaubwürdigkeit und jeder Beweis der Wahrheit nur von den Sinnen kommen kann. Wie wir von anderen Menschen wahrgenommen oder „gefühlt" werden, wirkt sich stark auf unseren Erfolg in unserem Unternehmen oder am

Arbeitsplatz aus. Ist dies nicht der Fall, liegt es daran, dass viele Menschen falsch eingeschätzt werden. Menschen mit großartigen Ideen und Personen mit außergewöhnlichen Talenten werden missverstanden, falsch eingeschätzt und ignoriert, nur wegen der Wirkungslosigkeit ihrer nonverbalen Hinweise.

Zumal nonverbale Signale meistens vom „emotionalen Gehirn" und nicht vom Neocortex (auch bekannt als Isocortex und Neopallium) gesendet werden. Der Neocortex ist an höheren Funktionen wie der Erzeugung motorischer Befehle, der sensorischen Wahrnehmung, dem bewussten Denken und dem räumlichen Denken des Menschen beteiligt. Das emotionale Gehirn hilft während einer Unterhaltung, eine aufrichtige Antwort zu finden und Botschaften zu enthüllen.

Laut Wood können Unternehmer mit adäquaten nonverbalen Hinweisen andere besser motivieren und Geschäftsinteraktionen eingehender, besser und umfassender analysieren als wenn sie sich nur auf gedruckte oder gesprochene Wörter verlassen.

Wood deutet an, dass Menschen, die nonverbale Hinweise verstehen, besser beurteilen können, was ihre Kunden und Mitarbeiter ihnen tatsächlich sagen, um herauszufinden, wie sie deren Bedürfnisse besser befriedigen können. „Arbeitgeber können die Nachrichten, die ihre Mitarbeiter an Kunden oder Kollegen senden, auswerten und beurteilen, ob dieser Mitarbeiter das Unternehmen behindert oder voranbringt", erklärt Wood. Auch Mitarbeiter können lernen, die subtilen Zeichen zu verstehen, die ihre Vorgesetzten senden; dies wird ihnen wiederum dabei helfen, ihr Verhalten bei Bedarf anzupassen.

Die effektive Nutzung der nonverbalen Kommunikation ist für Ihre berufliche Entwicklung von entscheidender Bedeutung. Wenn ein Arbeitgeber nach einem Talent sucht, das er einstellen oder einen vorhandenen Mitarbeiter fördern möchte, sind Professionalität, Enthusiasmus und Selbstvertrauen die Merkmale, nach denen er normalerweise Ausschau hält. Wenn Sie als Mitarbeiter diese und alle anderen gesuchten Führungsmerkmale ausdrücken möchten, müssen Sie die richtigen nonverbalen Hinweise geben.

Lassen Sie uns in die Arten nonverbaler Hinweise eintauchen, die Ihnen bei einem Small Talk helfen können.

Arten von nonverbalen Hinweisen bei einem Small Talk

Da wir es nicht vermeiden können, nonverbale Hinweise an andere zu senden, ist es wichtig, zu trainieren, die richtigen zu senden. Im Folgenden werden wir uns die Arten von nonverbalen Hinweisen ansehen, die für Small Talks unerlässlich sind.

Gesichtsausdruck

Wussten Sie, dass der ausdrucksstärkste Teil Ihres Körpers Ihr Gesicht ist? Oh ja, das ist es, und es ist das erste beobachtbare Merkmal, das die Person, mit der Sie sprechen, wahrnimmt, noch bevor Sie überhaupt anfangen zu sprechen.

Sie können mit Ihrem Gesicht viel sagen, sogar mehr als mit Ihren Worten. Haben Sie schon einmal mit jemandem gesprochen, der die Stirn gerunzelt hat? Es könnte sich respektlos angefühlt haben, selbst wenn die Person nicht vorgehabt hat, unhöflich zu sein.

Sie können zahllose Emotionen vermitteln, ohne ein Wort zu sagen, und im Gegensatz zu anderen Formen der nonverbalen Kommunikation sind Gesichtsausdrücke universell. Eine Person, die in China lächelt und eine Person, die in Amerika lächelt, sendet üblicherweise die gleiche Botschaft, trotz der unterschiedlichen Standorte. Natürlich gibt es verschiedene Arten von Lächeln: ein unheimliches, ein begrüßendes, ein fröhliches, ein fragendes – aber die Forschung bestätigt, dass die Linien, die diese Ausdrücke in unseren Gesichtern erzeugen, trotz der verschiedenen Kulturen mehr oder weniger gleich sind.

In allen Kulturen sind die Gesichtsausdrücke die Gleichen. Wir drücken Glück, Überraschung, Angst und Abscheu fast auf dieselbe Weise aus, was die Wirkung dieses nonverbalen Hinweises verdeutlicht. Während des Aufbaus Ihres Levels an Selbstvertrauen sollten Sie sich der Angst entledigen und sich zudem stark auf Ihre Mimik konzentrieren. Was sollten Sie tun, wenn Sie etwas Angenehmes sagen wollen? Sie sollten lächeln! Wenn Sie eine Idee in Betracht ziehen, sollten Sie Ihren Kopf so neigen, als würden Sie darüber nachdenken. Small Talk funktioniert außerordentlich gut, wenn Ihre Mimik mit Ihren Worten übereinstimmt.

Tonfall

Beim Klang der Stimme sollten Sie wissen, dass es nicht nur darum geht, *was* Sie sagen, sondern *wie* Sie es sagen. Wenn Sie sprechen, hört die andere Person Ihre Stimme zusätzlich zu Ihren Worten, und Ihre Stimme kann etwas anderes als Ihre Worte aussagen.

„Hinsetzen" und „Hinsetzen!" sind die gleichen Wörter, aber das Ausrufezeichen erzeugt einen anderen Ton. Ein Ausrufezeichen bedeutet in der Regel, die Lautstärke zu erhöhen oder den Enthusiasmus zu steigern.

Auch das Timing und das Tempo spielen eine Rolle. Schnelleres Sprechen impliziert normalerweise Dringlichkeit (oder vielleicht auch Angst), während langsames Sprechen normalerweise Ruhe vermittelt. Auf diese Weise kann Ihre Stimme Zuneigung, Zuversicht, Sarkasmus und vieles mehr ausdrücken. Der Klang Ihrer Stimme kann bei der Diskussion nonverbaler kommunikativer Hinweise übergangen werden, da die Leute ihn mit dem Sprechen verbinden, er jedoch keine Wörter enthält und daher nonverbal ist. Lernen Sie, wie Sie Ihren Tonfall angemessen einsetzen können, um spannende Small Talk-Erfahrungen zu erzielen.

Augenkontakt

Die Art, wie Sie jemanden ansehen, verrät dem anderen viel über Sie und ist eine der wichtigsten nonverbalen Kommunikationen. Ihre Augen können Zuneigung, Feindseligkeit, Anziehung, Interesse, Müdigkeit usw. ausdrücken.

Wenn Sie den Small Talk-Fluss aufrechterhalten und den Prozess genießen möchten, müssen Sie genau darauf achten, wie Sie den Augenkontakt einsetzen. Wir werden im nächsten Abschnitt dieses Kapitels ausführlich darauf eingehen, wie Sie einen guten Augenkontakt herstellen können.

Die Art und Weise, wie Sie sich selbst geben spiegelt wider, wer Sie sind und wie Sie möchten, dass Menschen mit Ihnen in Beziehung treten. Sie kommunizieren auch damit, wie Sie sitzen, gehen, stehen oder Ihren Kopf halten, weshalb die Körperhaltung hier von entscheidender Bedeutung ist. Ihre Haltung sollte widerspiegeln, wie Sie sich fühlen, und für einen ersten Eindruck bei einem Small Talk sollte sie Selbstvertrauen ausstrahlen.

Gesten

Gesten sind ein Teil unserer täglichen Routine. Sie haben vielleicht sogar gestikuliert, während Sie dieses Buch gelesen haben (ohne es zu wissen). Gesten werden mit den Händen gemacht, und auch hier gibt es verschiedene Arten: Schwingen, Winken, Zeigen oder Verwenden der Hände beim Sprechen oder Streiten.

Wenn Sie beim Sprechen die Hände etwa auf Gesichtshöhe heben, bedeutet dies, dass Sie versuchen, etwas auf einen entscheidenden Punkt zu bringen. Wenn Sie sich beim Sprechen mit den Händen durch die Haare fahren, kann dies bedeuten, dass Sie nervös oder unsicher sind. Wenn Sie auf etwas zeigen oder deuten, versuchen Sie, die Person darauf hinzuweisen, wovon Sie sprechen.

Sie sollten wissen, dass Gesten je nach Kultur unterschiedliche Bedeutungen haben können. Das mit der Hand gemachte „Okay"-

Zeichen vermittelt beispielsweise in den meisten englischsprachigen Ländern eine positive Botschaft. In einigen Ländern wie Frankreich, Venezuela, der Türkei und Brasilien ist es jedoch beleidigend.

Natürlich können Sie nicht alle beleidigenden Gesten, die auf einer Kultur basieren, kennen, aber Sie können von der Person ein Hinweis bekommen.

Berührung

Wir kommunizieren auch viel durch Berührung, weil menschliche Verbindungen auch durch Berührung zustande kommen. Wenn zum Beispiel zwei Personen Ihnen einen Händedruck gaben, von denen einer schwach und einer fest war, würden Sie sich höchstwahrscheinlich eher an die Person erinnern, die einen festen Händedruck gab als die andere mit dem schwachen Händedruck.

Was ist mit Umarmungen? Wenn Sie beim ersten Treffen Umarmungen erlauben, können Sie eine starke Umarmung geben und die Person wird sich somit in Ihrer Umgebung wohler fühlen (oder sich vielleicht unwohl fühlen, da in anderen Kulturen der persönliche Raum einen höheren Stellenwert hat). In einigen anderen Fällen ist es notwendig einen Klaps auf den Rücken oder einen milden Griff am Arm zu geben.

Achten Sie darauf, wie Sie diesen nonverbalen Stil verwenden. In einigen Kulturen ist es möglicherweise unangemessen, sich beim Small Talk zu berühren, und manchmal ist es einfach nicht der richtige Anlass, um den anderen zu berühren. Dies gilt insbesondere für die Kommunikation zwischen Menschen unterschiedlichen Geschlechts.

Bei diesem nonverbalen Kommunikationsstil müssen Sie viel Fingerspitzengefühl und Vorsicht walten lassen. Aber wenn Sie spüren, dass Sie eine Berührung verwenden können, seien Sie großzügig, aber auch vorsichtig damit.

Verwendung der Körpersprache bei einem Small Talk

Während ich aufgewachsen bin, hatte ich es eilig, Freunde zu finden. Nach einigem Ausprobieren und Fehlversuchen wurde mir klar, dass es Zeit braucht, Freunde zu finden, dauerhafte Freundschaften aufzubauen und Kontakte zu knüpfen. Bevor Sie mit Menschen in Kontakt treten, müssen Sie sie kennenlernen. Jetzt könnte ich mich selbst Ohrfeigen, nachdem mir klar geworden ist, dass ich die meiste Zeit Verbindungen aufgebaut habe, indem ich mich zu Partys eingeladen habe oder Gespräche geführt habe, die andere nicht wirklich mit mir führen wollten.

Eine dauerhafte Freundschaft aufzubauen, dauert nicht nur einen Tag, es ist ein schrittweiser Prozess, der oft mit einem einfachen Lächeln oder Hallo beginnt. Einige der erforderlichen Schritte können schwieriger sein als andere, aber Sie sollten sich wohl fühlen, wenn Sie Ihre Körpersprache verwenden, um Menschen anzusprechen und mit Menschen einen Small Talk zu haben. Schauen wir uns an, wie wir unsere Körpersprache beim Small Talk einsetzen können.

Verschränken Sie nicht Ihre Arme oder Beine

Das Verschränken von Armen oder Beinen beim Sprechen ist nicht ideal für fruchtbare Diskussionen. Wenn Sie die Arme verschränken, wirken Sie defensiv und fühlen sich auch unwohl, was die andere Person dazu veranlassen kann, das Gespräch zu beenden.

Anstatt Ihre Arme zu kreuzen, benutzen Sie sie, um zu gestikulieren. Behalten Sie eine offene Haltung bei, die Wohlbefinden vermittelt, anstatt die Beine zu kreuzen (es sei denn, Sie tragen einen Rock). Die Idee dahinter ist meistens, entspannt und komfortabel zu bleiben.

Stellen Sie Augenkontakt her, aber starren Sie nicht

Die Augen sind wichtig, wenn es um nonverbale Kommunikation geht, weil wir mit ihnen viel sagen können. Was Sie jedoch nicht tun sollten, ist die Person anzustarren. Augenkontakt ist nicht dasselbe wie Starren.

Das Anstarren kann von manchen Menschen als beleidigend empfunden werden, tun Sie das also nicht. Wenn Sie der Person etwas sagen oder auf eine Frage antworten, können Sie ihm/ihr in die Augen schauen. Bewegen Sie aber auch Ihre Augen über das Gesicht der Person und gelegentlich durch den Raum.

Augenkontakt zeigt die Höhe Ihres Selbstvertrauens und informiert die andere Person darüber, dass Sie während des kurzen, aber wirkungsvollen Gesprächs anwesend sind. Sorgen Sie sich nicht darum, alle diese Hinweise fehlerfrei auszuführen. Bleiben Sie sich derer bewusst, und Sie werden es gut machen!

Entspannen Sie Ihre Schultern

Sie wissen das vielleicht nicht, aber Ihre Schultern sprechen laut und Sie müssen sie in Schach halten. Eine angespannte Schulter ist ein nonverbales Zeichen dafür, dass Sie den Raum verlassen möchten und mit dem Sprechen fertig sind. Während eine entspannte Schulter ein Signal ist, dass Sie bereit sind, das Gespräch zu genießen.

Eine ausgezeichnete Möglichkeit, Ihre Schultern zu entspannen, besteht darin, tief durchzuatmen, bevor Sie sich der Person nähern, da einer der Gründe für eine angespannte Schulter Angst ist. Sie wissen vielleicht nicht einmal, dass Ihre Glieder steif sind, aber die andere Person kann es sehen, also denken Sie daran. Hier kommt ein Tipp: Sie werden wissen, dass Ihre Schultern angespannt sind, wenn Sie die Spannung auf Ihrem Schlüsselbein und Nackenbereich spüren. Wenn Sie diesen Druck spüren, wissen Sie, dass Ihre Schultern angespannt sind und Sie diese lockern sollten.

Nicken

Wie fühlen Sie sich, wenn Sie mit jemand anderem sprechen und dieser anerkennend nickt? Ein Nicken sagt dem anderen, dass Sie zuhören. Es ist ein wirksames Instrument, um zu zeigen, dass Sie anwesend sind und Ihrem Small Talk-Partner gegenüber respektvoll bleiben.

Gerade sitzen (nicht lümmeln)

Wenn Sie sich mit jemandem unterhalten und beide Platz nehmen, lümmeln Sie sich nicht hin. Lümmeln ist ein Zeichen dafür, dass Sie müde oder desinteressiert sind oder nach Hause gehen möchten.

Setzen Sie sich aufrecht hin wie die selbstbewusste Person, die Sie sind, und teilen Sie Ihre Gedanken präzise mit. Wenn Sie nicht lümmeln, achten Sie auch genau auf die andere Person und minimieren Ablenkungen.

Gehen Sie auf Ihren Gesprächspartner zu

Wenn wir „auf jemanden zugehen" sagen, beziehen wir uns auf die Fähigkeit, all das abzulegen, was eine echte Verbindung zwischen Ihnen und der anderen Person beeinträchtigen könnte. Wenn eine Person Sie zum ersten Mal trifft, versucht sie innerhalb der ersten Sekunden herauszufinden, mit wem sie es zu tun hat.

Wenn Sie sich darauf einlassen, lassen Sie mögliche Vorbehalte fallen und signalisieren, dass sie verfügbar und präsent sind.

Stellen Sie sicher, dass Sie ein guter Zuhörer sind, der die Bedeutung dessen versteht, was er hört. Behalten Sie die Person im Auge (aber starren Sie sie nicht an), während Sie beim Zuhören nicken. Seien Sie sich aber immer des persönlichen Raumes bewusst. Zu sehr auf jemanden zuzugehen, kann einschüchternd und anmaßend sein.

Lächeln und lachen Sie (wenn es angebracht ist)

Es gibt Momente während des Gesprächs, in denen Sie lächeln und lachen sollten. Befolgen Sie dies, um einen positiven Kommunikationsfluss aufrechtzuerhalten. Small Talk ist, was es ist. Sie müssen also nicht steif sein.

Wenn Sie eine gewisse Starre bei der anderen Person verspüren, versuchen Sie, durch Lächeln eine Beruhigung zu erzielen, und sagen Sie etwas Lustiges, damit Platz für ein Lachen entsteht.

Körpersprache widerspiegeln

Der Kern der Widerspiegelung in der Kommunikation besteht darin, das Verhältnis zwischen beiden Parteien zu verbessern. Was Sie hier tun, ist, die physischen Angewohnheiten und Positionen der Person nachzuahmen, um sich mit dieser zu verbinden.

Manchmal üben wir das Widerspiegeln, ohne uns dessen bewusst zu sein. Beim Gähnen zum Beispiel. Wenn Sie plötzlich das Gähnen verspüren, nur weil Sie das Wort gesehen haben, ist dies eine ungeplante Spiegelung.

Wenn Sie mit einer Person sprechen und sie lächelt, können Sie ihre Körpersprache widerspiegeln, indem Sie zurücklächeln. Auf diese Weise behalten Sie den Gesprächsfluss bei und pflegen eine gute Verbindung zu dieser Person.

Wenn sich zwei Menschen widerspiegeln, zeigt sich Behaglichkeit und Vertrauen. Das Spiegeln funktioniert am reibungslosesten, wenn Sie die Person schon lange kennen. Zum Beispiel können sich verliebte Paare leicht spiegeln. Aber bei einem Small Talk sprechen Sie wahrscheinlich zum ersten Mal mit ihrem Gegenüber. Aus diesem Grund müssen Sie dieser Person mehr Aufmerksamkeit schenken. Sie müssen sie beobachten und sie dann mit nonverbaler Kommunikation durch Widerspiegeln replizieren.

Wenn die andere Person lächelt, nehmen Sie es bitte als Hinweis und lächeln Sie zurück. Wenn sie sich zu entspannen scheint und Sie sich angespannt fühlen, spiegeln Sie ihre Ruhe wider, indem Sie sich ebenfalls beruhigen. Widerspiegeln erfolgt meistens nonverbal. Um ihr Gegenüber widerzuspiegeln, müssen Sie viel üben und besonders auf Ihr Gegenüber achten.

Der Großteil der Arbeit liegt jedoch nicht nur bei Ihnen, da die andere Person Sie ebenfalls spiegelt. Sie können also in gewisser Weise vorgeben, was die andere Person reflektieren soll. Möchten Sie, dass die Person entspannt und ruhig ist? Dann lächeln Sie öfter, während Sie hier und da ein wenig lachen.

Wenn diese sich an Ihre Hinweise hält und Sie spiegelt, wird das Gespräch reibungslos verlaufen.

Respektieren Sie den persönlichen Raum

Respektieren Sie bitte den persönlichen Raum der anderen Person. Wir sind alle verschieden, aber wir werden uns alle einig darüber sein, dass wir es lieben, wenn die Menschen unseren persönlichen Raum würdigen. Wenn Sie die persönlichen Bereiche von Personen nicht respektieren, hinterlassen Sie einen falschen ersten Eindruck, der sich auf das nachfolgende Gespräch auswirkt.

Versuchen Sie, während Sie mit der Person sprechen, einen angemessenen Abstand einzuhalten, und leiten Sie keine Berührungen ein, wenn Sie sich nicht sicher sind, wie die Person darauf reagieren wird. Geben Sie zum Beispiel keine ungerechtfertigten Umarmungen, High Fives oder andere Berührungen.

Sie haben diese Person gerade kennengelernt und wissen nicht, was sie von solchen Dingen hält. Es ist für Sie beide besser, wenn er/sie eine Berührung einleitet, dann sind Sie auf der sicheren Seite.

Wie kann nonverbale Kommunikation bei einem Small Talk in einem Büro (oder anderswo) schief gehen?

Überall, wo Menschen sind, bilden sie sich auf der Grundlage nonverbaler Kommunikation Eindrücke von ihren Mitmenschen.

Eine Person kann absichtlich versuchen, beim Small Talk mit den „richtigen" Wörtern großartig zu erscheinen, und scheitert aber daran, dass es an exzellenter nonverbaler Kommunikation mangelt. Folglich vermeiden es die Leute, mit dieser Person zu sprechen, weil seine/ihre nonverbalen Fähigkeiten die falsche Botschaft senden.

Wir werden im Folgenden drei Personen mit großen Absichten für einen erfolgreichen Small Talk analysieren. Sie haben jedoch Schwierigkeiten, sich mit anderen in Verbindung zu setzen, und sie sind sich der falschen nonverbalen Botschaft, die sie kommunizieren, nicht bewusst.

Treffen Sie Andrea, Meghan und John!

Andrea

Andrea sieht hervorragend aus, und sie ist eine gute Gesprächspartnerin, ist aber auch sehr unaufmerksam. Sie behauptet, über sehr gute verbale Fähigkeiten zu verfügen, aber wenn sie mit jemandem spricht, huschen ihre Augen durch den Raum und erwecken den Eindruck, dass sie nicht präsent ist.

Die Leute, mit denen Andrea spricht, fühlen sich bereits nach den ersten Sekunden des Treffens ignoriert. Sie denken, dass sie zu egozentrisch ist, obwohl sie das Gefühl hat, hervorragend zu kommunizieren.

Andrea muss lernen, wie sie ein Gleichgewicht zwischen ihrer beeindruckenden Sprachfähigkeit und dem Einsatz ihrer Augen für die Kommunikation herstellen kann.

Meghan

Meghan ist eine hübsche Frau, die sich gerne mit Menschen (im Büro und bei anderen gesellschaftlichen Anlässen) in Verbindung setzen möchte. Aber es fällt ihr immer schwer, erfolgreich einen Small Talk zu führen, obwohl sie denkt, dass sie lustig und interessant ist.

Trotz ihres ständigen Lachens und Lächelns klingt Meghans Stimme hoch, und ihr Körper ist steif. Wenn interessante Menschen in ihrer Nähe sind, fühlen diese sich oft beklommen und unwohl, sodass sie das Gespräch schnell abbrechen und Meghan verwirrt zurücklassen.

Obwohl Meghan Witz hat, sagt ihre Körpersprache etwas anderes, und dies wird durchweg ein Hindernis für alles sein, was sie mit Small Talk erreichen will.

John

John glaubt, dass er gut mit seinen Kollegen zurechtkommt, insbesondere mit den neuen Mitarbeitern, mit denen er Small Talk geführt hat. Wenn Sie jedoch einige dieser neuen Mitarbeiter und seine anderen Kollegen fragen, stimmen alle darin überein, dass er „angespannt" ist, was es schwierig macht, sich mit ihm zu unterhalten.

Einige seiner Kollegen behaupten, dass er nicht nur eine Person ansieht, sondern lange anstarrt und beim Handschlag zu fest drückt (es tut weh). John hingegen glaubt, dass er versucht, Interesse an anderen Menschen zu zeigen, weshalb er den Augenkontakt so lange hält.

Trotz seiner Bemühungen lassen ihn seine nonverbalen Signale unbeholfen erscheinen und halten die Menschen so auf Distanz. John wird Schwierigkeiten haben, Fortschritte bei der Kommunikation am Arbeitsplatz zu erzielen, da er sich dieser nonverbalen Herausforderung nicht bewusst ist.

Die obigen Beispiele zeigen die Bereitschaft der Personen, effektiv zu kommunizieren (sie haben gute Absichten). Aber sie haben Schwierigkeiten, weil sie nicht wissen, wie sie nonverbale Signale am besten für sich nutzen können. Mit den oben aufgeführten Tipps können Sie jeden Moment optimal nutzen und dabei großartige verbale und nonverbale Kommunikationsfähigkeiten kombinieren.

Nonverbale Kommunikation ist immer ein faszinierendes Thema, besonders bei einem Small Talk. Die Menschen sprechen die ganze Zeit über mit nonverbalen Hinweisen – bewusst oder unbewusst. Es kommt darauf an, dass Sie auf das achten, was sie sagen.

Sie können natürlich auch durch nonverbale Kommunikation mit jemand anderem kommunizieren. Dieses Kapitel hat all dies zum Ausdruck gebracht. Wir erweitern unsere Lernerfahrung um weitere Ebenen. Von den Grundideen in Kapitel eins bis dahin, wo wir jetzt stehen, war es schon eine recht aufregende Reise. Aber wir sind noch nicht fertig, da noch so viele Ideen und Tipps zu entdecken sind. Im nächsten Kapitel werden wir endlich diskutieren, was nach dem Hallo kommt.

KAPITEL 5:

Nach dem Hallo wird das Eis gebrochen

Es scheint einfach zu sein, jemanden in einem sozialen Umfeld oder im Büro zu begrüßen. Denken Sie darüber nach. Jeder kann Hallo sagen und einfach weitergehen. Das Ziel eines Small Talks ist jedoch nicht nur, einfach weiterzulaufen. Sie müssen den Grundstein für ein anschließendes Gespräch mit der Person legen. Hier beginnt die Herausforderung für viele Menschen, die sich mit einem Small Talk schwertun. Sie fragen sich: „Was soll ich nach einem Hallo sagen?"

In diesem Kapitel erfahren Sie, wie Sie nach der Begrüßung ein spannendes Gespräch führen. Sie lernen die besten Gesprächsstarter kennen. Sie erfahren auch, wie Sie einen guten ersten Eindruck hinterlassen.

Im Allgemeinen wird das, was nach Hallo kommt, als Gesprächsstarter bezeichnet. So einfach es auch klingen mag, manche Menschen stecken an dieser Stelle fest, weil die Anzahl der Dinge, die gesagt werden können, praktisch unendlich ist. Dennoch stellt sich die Frage, welche Themen hierfür am besten geeignet sind?

Denken Sie daran, dass Small Talk darauf abzielt, eine Verbindung zu einer anderen Person herzustellen und nicht nur übermäßig über nichts Besonderes zu sprechen. Sie sollten so charmant und prägnant sprechen, dass Sie das Gespräch mit der Person ein anderes Mal wieder aufnehmen können.

Beachten Sie jedoch, dass die von mir angegebenen Tipps für Gesprächsstarter nicht allumfassend sind. Es sind nicht die einzigen Dinge, die Sie sagen können oder sollten. Dieses Buch schult Sie, aber was noch wichtiger ist: der beste Weg, um praktisch etwas über den Small Talk zu lernen, ist das Sprechen. Also keine Sorge! Während die Ideen hier darauf abzielen, Ihre Fähigkeiten zu verbessern, müssen Sie manchmal in dem Moment spontan reagieren und sagen, was Ihnen in den Sinn kommt.

Damit Sie nach der Begrüßung eine tiefe Verbindung herstellen können, sollten Sie einige der Eigenschaften guter Gesprächsstarter kennen. Diese Eigenschaften bilden einen Leitfaden wie der Inhalt Ihres Gesprächsstarters sein sollte, aber machen Sie sich darüber keine Sorgen. Ich werde es Ihnen anhand eines Beispiels näher erläutern, damit Sie wissen, wie Sie dies auf Ihre besondere Small-Talk-Situation anwenden können.

Vier Eigenschaften der besten Gesprächsstarter

1. *Großartige Einstiege, die Sicherheit ausstrahlen*

Die besten Einstiege sind die, die Sie selbstbewusst vortragen, damit die andere Person leichter in das Gespräch einsteigen kann. Selbstvertrauen wird oft mit einem Magneten verglichen. Wenn man es ausstrahlt, fangen dies andere ein und fühlen sich davon angezogen. Vertraulichkeit ist eine der wichtigsten Eigenschaften, die Sie benötigen, um von Anfang an mit anderen zu sprechen.

Wenn Sie zum Beispiel auf eine Person zugehen, werden Sie sich bewusst, dass diese nicht nur Ihre Sprache antizipiert, sondern auch *wie* Sie ganzheitlich kommunizieren – also Ihre Körpersprache etc. Sie haben also Hallo gesagt (was essentiell ist). Das Nächste, was Sie sagen, sollte vertrauensvoll ausgesprochen werden.

Sogar wenn Sie etwas Lustiges, Albernes oder Zufälliges sagen, sagen Sie es mit größtem Vertrauen, indem Sie Augenkontakt herstellen und dem Beginn des Gesprächs etwas Aufregendes hinzufügen. Wenn Sie dies tun, geht der Small Talk weiter. Aber wenn Ihr Einstieg aus Angst und Furcht besteht, wird es den gesamten Prozess ruinieren.

Denken Sie immer an diese einfache, aber fundierte Regel: Beginnen Sie vertraulich und zuversichtlich, und Sie werden es hervorragend meistern!

2. Einstiege sind persönlich

Wir fühlen uns sicherer, wenn wir zuerst über das Wetter oder etwas Unpersönliches zu sprechen, aber wenn man zu anderen Menschen eine Beziehung aufbauen will, muss man eine persönliche Note hinzufügen.

Wenn Sie mit etwas Persönlichem beginnen, werden Sie mehr über die Person erfahren, und sie wird auch daran interessiert sein, mehr über Sie herauszufinden. Wenn Sie den Namen Ihres Gegenübers nicht kennen, fragen Sie danach, und wenn Sie sich zum Beispiel in einem Büro befinden, können Sie nach der Position der Person fragen.

Persönlich zu sein ist ein großartiger Einstieg, worauf Sie mit der nächstbesten Folgefrage anknüpfen können. Wenn Sie also nach der Position Ihres Gesprächspartners fragen, und dieser sagt „Oh, ich arbeite im Vertrieb", können Sie im Anschluss etwas über den Vertrieb sagen oder fragen. Dann hat die Person die Möglichkeit, Sie nach dem Gleichen zu fragen, und auf diese Weise wird ein Gespräch in Gang gebracht.

Achten Sie jedoch darauf, nicht *persönlich* mit *privat* zu verwechseln. Manchmal sagen wir „das ist persönlich" über etwas, wenn wir tatsächlich meinen, dass es privat ist. Sie werden sich aus früheren Kapiteln daran erinnern, dass es tabu ist, private Themen während eines Small Talks zu diskutieren. Das bringt uns zu unserem nächsten Punkt.

3. Einstiege nicht zu persönlich gestalten

Ja, Sie können persönlich sein, aber bitte seien Sie nicht *zu* persönlich. Wir haben zwei Beispiele gegeben, wie Sie persönlich sein können. Dabei handelt es sich nicht um die Art persönlicher Fragen, die wir mit privaten Informationen verknüpfen würden.

Fragen Sie als Einstieg in einen Small Talk eine Person nicht, ob sie verheiratet, geschieden oder ledig ist. Solche Fragen sind zu persönlich. Gute Kommunikatoren wissen, wo die Grenze zwischen privaten und persönlichen Aussagen oder Fragen verläuft.

Stellen Sie sich vor, Sie sprechen mit jemandem, und dieser fragt Sie, welche Stelle Ihres Körpers Sie am meisten verunsichert. Wie würden Sie antworten? Dies ist kein guter Weg, um ein Gespräch zu beginnen, und es könnte jeden guten ersten Eindruck ruinieren, den die Person möglicherweise herzustellen versucht.

Sie müssen auch mit Witzen als Einstieg vorsichtig sein. Wenn Sie die Person zu einem anschließenden Gespräch wiedersehen, können Sie (sofern möglich) etwas weiter gehen, weil Sie den Grundstein dafür gelegt haben, aber vermeiden Sie es als Einstieg zu persönlich zu sein.

4. *Großartige Einstiege zeigen echtes Interesse*

Eine weitere Eigenschaft großartiger Gesprächseinstiege ist es, dass sie echtes Interesse an der anderen Person zeigen. Sie können beispielsweise Interesse an der Person zeigen, indem Sie Fragen zu Dingen stellen, die Ihnen gefallen, und von denen Sie vermuten, dass sie dem anderen ebenso gefallen könnten. Wenn Sie sich für etwas nicht interessieren und es als Einstieg in das Gespräch benutzen, werden Sie mit der Kommunikation zu kämpfen haben.

Sie werden auch nicht wissen, wie Sie das Gespräch weiter interessant halten sollen, weil Sie sich nicht für das Thema interessieren. Wenn Sie nichts über Fußball wissen und keinen Sport mögen, fragen Sie nicht danach.

Wenn Sie das Thema Fußball als Einstieg nehmen, und die andere Person einiges über Fußball weiß, wird das Gespräch sehr einseitig. Ihre Bereitschaft zu einem schnellen Themenwechsel könnte jemanden abschrecken, der immer noch begeistert dabei ist, über Fußball zu sprechen.

Halten Sie sich an das, woran Sie interessiert sind, und Sie werden es gut machen. Wenn Sie nach etwas gefragt werden, worüber Sie nichts wissen, denken Sie ein paar Sekunden nach und geben Sie zu, dass Sie nichts darüber wissen. Bitten Sie dann die andere Person, Sie „aufzuklären„. Es ist besser, ehrlich zu sein als einen falschen Eindruck von Wissen zu vermitteln. Wenn Sie bereit sind, können Sie das Gespräch auf ein neues Thema lenken, ohne zu viel Ärger zu verursachen, da die Person weiß, dass Sie mit dem Thema nicht vertraut sind.

Sie kennen nun die Eigenschaften guter Gesprächseinstiege. Wenden Sie die gegebenen Tipps an. Aber die Lektion endet hier noch nicht. Sie müssen auch wissen, wie Sie ein Gespräch problemlos beginnen können.

Dafür müssen wir wissen, wie man den Übergang nach dem „Hallo" gestaltet.

Problemlose Wege, um ein Gespräch zu beginnen

Stellen Sie eine allgemeine Frage

Sie können zunächst eine einfache Frage stellen und dann auf eine Antwort warten. Geben Sie anschließend eine Erklärung zum Thema ab und bauen Sie darauf das Gespräch auf.

Versuchen Sie jedoch, nicht zu viele Fragen zu stellen, da die Unterhaltung einen natürlichen Weg einschlagen sollte. Hier sind Beispiele, wie Sie mit einem einfachen Sachverhalt beginnen können:

„Was führt Sie nach New York?"
„Was feiern wir heute?"
„Wo kommen Sie her?"
„Woher kennen Sie den Gastgeber?"

Mit jeder dieser Fragen kann die andere Person eine Antwort geben, die zu weiteren Gesprächen führt. Verwenden Sie die obigen Beispiele als eine Art Richtlinie.

Beobachten Sie die Umgebung

Wenn Ihre anfänglichen Fragen keine Ideen für den nächsten Schritt enthielten, können Sie Ihre Umgebung beobachten und das Gespräch auf bestimmte Dinge lenken, um zu neuen Themen überzugehen. Solche Fragen gibt es ohne Ende, diese bedürfen jedoch einer kurzen Beschreibung. Wenn Sie beispielsweise auf einer Hausparty sind, können Sie das Haus kommentieren, eine Bemerkung zur Musik machen oder etwas in Bezug auf die Umgebung sagen.

Sie sollten authentisch und spontan mit Beobachtungsaussagen umgehen, aber nicht kritisch sein oder schlecht darüber reden. Die Essenz dieses Einstieges besteht darin, die Meinung der Person einzuholen und das Gespräch von dort aus aufzubauen.

„Was denken Sie über das rosa Schmetterlingsdekor?"
„Haben Sie erkannt, wie perfekt der Mittelteil ist?"

Mutmaßen Sie etwas

Ein „Cold Read" ist eine fundierte Vermutung über die andere Person, basierend auf einigen Details, die Sie möglicherweise beobachtet haben. Stellen Sie sich diesen Schritt so vor, als würden Sie eine Beobachtung machen und daraufhin eine Annahme treffen. Das Schöne an diesem Einstieg ist, dass Sie nicht unbedingt richtig liegen müssen.

Wenn Sie richtig liegen, wird die Person amüsiert sein, und wenn Sie es nicht sind, werden Sie korrigiert, aber es wird der Konversation etwas Humor verleihen. Cold Reading zeigt auch Ihre lustige Seite und hilft der anderen Person, sich entspannt zu fühlen, während sie mit Ihnen spricht.

Um Cold Reading erfolgreich durchzuführen, müssen Sie genau auf die Person achten. Auf diese Weise erhalten Sie einige wichtige Details, die Ihr Cold Reading erleichtern werden:

„Sie sind nicht von hier, oder?" – Wenn Sie etwas Bestimmtes am Akzent oder der Kleidung der Person bemerkt haben.

„Sie kennen sich ziemlich gut im Sportbereich aus, oder?" – Wenn die Person gute Sportvorhersagen gemacht hat.

„Sie sind schon lange mit dem Gastgeber befreundet?" – Wenn Sie eine enge Beziehung zwischen der Person und dem Gastgeber der Veranstaltung beobachten konnten.

Teilen Sie eine Anekdote

Eine Anekdote oder eine Geschichte hilft Ihnen dabei, eine Verbindung auf emotionaler Ebene mit der anderen Person herzustellen. Erzählen Sie eine kurze, humorvolle Geschichte, und wenn die Person sich davon angesprochen fühlt, haben Sie einen guten Anfang.

Hier ist ein Beispiel eines typischen Gesprächs mit einem guten anekdotischen Einstieg:

Sie: „Wow, was für eine bezaubernde Halskette Sie haben einen außergewöhnlichen Sinn für Stil."

Fremde: „Oh, danke! Ich habe diese kürzlich in London gekauft, als ich mit Freunden einkaufen war."

Sie: „Sie waren in London? Ich war da vor ein paar Wochen in diesem fantastischen Modegeschäft. Sie werden nicht glauben, was mir dort passiert ist."

Fremde: „Haha, ja, das erinnert mich an das, was mir vor zwei Tagen passiert ist...

Sie: „Wow! So ähnlich ist es mir auch ergangen...

Wenn Sie mit einer einfachen Geschichte wie im obigen Beispiel beginnen, öffnet sich die andere Person mit Sicherheit und Sie haben beide eine angenehme Unterhaltung.

Geschichten sind ein großartiger Verbinder, da wir uns alle auf die Geschichten anderer Menschen beziehen können. Verwenden Sie diese daher großzügig in Ihren Small Talks.

Machen Sie ein Kompliment

Ja, wir alle lieben Komplimente, und dies sind auch einige der besten Gesprächseinstiege. Ein Kompliment ist eine hervorragende Möglichkeit, um anderen das Gefühl zu geben, sich in Ihrer Nähe wohl zu fühlen.

Aber Sie müssen sehr achtsam sein, wenn Sie Komplimente machen, denn diese müssen ehrlich gemeint sein.

Sie: „Hallo."

Fremder: „Hallo (lächelnd)."

Sie: „Sie haben ein schönes Lächeln."

Fremder: „Danke, was führt Sie hierher?"

Bringen Sie gemeinsame Interessen zur Sprache

Wenn Sie im Begriff sind, mit jemandem zu sprechen und dabei feststellen, dass sie gemeinsame Interessen haben, können Sie dies als hervorragenden Einstieg verwenden.

Angenommen, Sie sind im Café und jemand schüttet sehr viel Milch in seinen Kaffee. Sie machen zufällig das Gleiche. Dann können Sie dies als Gelegenheit nutzen, um ein Gespräch zu beginnen.

Sie: „Sie scheinen eine ganze Menge Milch in Ihrem Kaffee zu mögen (kleines Kichern). Ich mag das auch sehr."

Fremder: „Prost auf die Milch im Kaffee (kleines Lachen)."

Fragen Sie nach der Meinung des anderen

Eine weitere hervorragende Option für einen Gesprächseinstieg ist es, einfach einen anderen um Rat zu fragen. Nach dem ersten Hallo können Sie Ihrem Gegenüber eine Frage stellen, die es diesem erleichtert, am Gespräch teilzunehmen. Angenommen, Sie reisen in einem Flugzeug, dann können Sie die Person, die neben Ihnen sitzt, um einen Rat fragen.

Sie: „Vor dem Abflug bin ich oft nervös. Kann ich etwas tun, um mich zu entspannen?"

Fremder: „Oh, Sie können einfach tief durchatmen und sich nicht allein auf das Flugerlebnis konzentrieren."

Zeigen Sie etwas Verwundbarkeit

Manchmal ist eine gute Möglichkeit, ein Gespräch oder einen Small Talk zu beginnen, der Ausdruck von Verwundbarkeit. Wir sagen nicht, dass Sie sich durch persönliche Probleme übermäßig verwundbar geben sollten, aber vielleicht etwas verletzlich. Teilen Sie einfach etwas mit einer anderen Person.

Indem Sie eine Schwachstelle ausdrücken, zeigen Sie der Person eine Seite von Ihnen, mit der er/sie sich verbunden fühlen soll. Zum Beispiel, wenn Sie an einer Party zu einer Produkteinführung teilnehmen und niemanden kennen, könnten Sie damit beginnen:

Sie: „Ich kenne hier niemanden. Manchmal fällt es mir schwer, mit Fremden zu sprechen."

Fremde: „Oh, keine Sorge, ich kenne die meisten Leute hier. Sie werden es leicht haben, Kontakt aufzubauen und jemanden kennenzulernen. Ich bin übrigens Amy. Und Sie?"

Verwenden Sie die Prominenten-Perspektive

Hat Ihnen mal jemand gesagt, dass Sie wie eine berühmte Person aussehen? Wie haben Sie sich dabei gefühlt? Geschmeichelt? Wenn Sie eine Person im Raum sehen, die wie eine Berühmtheit aussieht, können Sie zu ihr/ihm gehen und diese Beobachtung als Gesprächseinstieg verwenden.

Dieser Ansatz ist hervorragend, weil er auf unterhaltsame und humorvolle Weise authentisch ist. Die Person wird das Kompliment mögen und lockerer werden. Wenn Sie mit einer Frau sprechen, wird sie wahrscheinlich erröten, aber es entwickelt sich ein gutes Gespräch.

Sie: „Hat Ihnen schon mal jemand gesagt, dass Sie wie Jennifer Aniston aussehen?"

Fremde: „Oh, wow (lacht). Ja, schon, aber ich sehe keine Ähnlichkeit."

Sie: „Sie haben beide die gleiche Haarfarbe. Sind Sie hier aus der Gegend?"

Fremde: „Nein, ich komme aus dem Norden. Und Sie?"

Ich kann nicht genug betonen, wie wichtig ein Lächeln als hervorragendes Mittel für einen Small Talk ist, aber vor allem als Einstieg. Die andere Person lächelt zurück, und ohne ein Wort zu sagen, haben Sie beide eine Art Vereinbarung. Ob Sie oder die andere Person ein Gespräch anstoßen, liegt im Ungewissen, aber zumindest waren Sie in diesem flüchtigen Moment miteinander verbunden.

Lächeln Sie zu Beginn des Gesprächs und auch dann, wenn Sie die ersten paar Worte sprechen. Lächeln Sie gerade? Kommen Sie schon. Sie lächeln nicht. Oder doch? Na, bitte. Machen Sie weiter (funktioniert jedes Mal).

Wenn Sie mit einer der oben genannten Ideen beginnen, öffnet sich die andere Person für Sie und das Gespräch kann fortgesetzt werden. Die obigen Beispiele sind Richtlinien, mit denen Sie Ihre eigenen Ideen entwickeln können. Versuchen Sie zu experimentieren, da nicht jede Situation gleich ist. Schließlich ist es besser, ein bisschen unbeholfen zu wirken als steif und zu versuchen, perfekt zu sein.

Machen Sie einen guten ersten Eindruck

Auch wenn ein Small Talk klein anfängt und eine einfache Art der Kommunikation zu sein scheint, denken Sie immer daran, dass es eine Kunst ist, die Sie beherrschen müssen. Small Talk kann Ihnen Türen öffnen. Wer weiß, wohin dieser Sie in Zukunft führen wird? Aus diesem Grund müssen Sie immer einen guten ersten Eindruck hinterlassen. Wie erreichen Sie das?

1. Beginnen Sie mit einer kleinen Geste (als Baustein)

Kleine Gesten vermitteln einen guten ersten Eindruck. Solche kleinen Gesten umfassen:

- eine Begrüßung
- ein Lächeln
- ein Kompliment

Dies sind kleine Dinge, an die Sie sich immer erinnern sollten, weil sie zu vertiefenden Gesprächen mit anderen führen. Ein Lächeln führt zu einem „Hallo" und dann zu einem „Wie geht es Ihnen?", was sich in eine Unterhaltung verwandeln kann. Beginnen Sie einfach mit einer dieser Gesten, und Sie können von dort an loslegen.

2. Vermeiden Sie Filter

Filter sind Wörter, bei denen Sie übermäßig kritisch sind, was das Potenzial in jeder Unterhaltung vernichtet. Vermeiden Sie es, zu urteilen und dem anderen Ihre Meinung aufzudrängen, auch wenn Sie wissen, dass Sie Recht haben.

Wenn Sie dazu neigen, Dinge zu überdenken, legen Sie diese Eigenschaft bitte beiseite, da dies ein Small Talk und kein philosophisches Gespräch ist. Ihre Worte sollten aufschlussreich, bedeutungsvoll, lustig und entspannt sein.

Hier ist ein Beispiel für ein Gespräch zwischen Ihnen und einer Dame, die bei einer Hochzeitsfeier zu Gast ist. Die Unterhaltung zeigt, wie Filter verwendet werden (welche falsch sind).

Sie: „Warum tragen Sie ein weißes Kleid zu einer Hochzeit?"

Frau: „Oh, Weiß ist meine Lieblingsfarbe und ich liebe dieses Kleid."

Sie: „Aber das ist nicht Ihre Hochzeit. Glauben Sie nicht, Sie stehlen der Braut die Aufmerksamkeit?"

Nun, wenn Sie die Dame gewesen wären, würden Sie sich beleidigt fühlen und nicht wieder mit der Person sprechen wollen, oder? Aber ich bin optimistisch, dass Sie es viel besser machen würden!

3. Sie müssen nicht brillant sein, nur freundlich

Die Menschen erwarten nicht, dass jedes Wort aus Ihrem Mund eine Offenbarung ist. Um ganz ehrlich zu sein, würde es wahrscheinlich die Menschen eher stören. Alles, was Sie wirklich brauchen, um Verbindungen aufzubauen, ist Freundlichkeit. Leute fühlen sich wohl, wenn sie mit anderen reden, die nett sind.

Stellen Sie Fragen, zeigen Sie Interesse an der anderen Person, seien Sie freundlich, spannend und versuchen Sie, sich mehr auf die andere Person zu konzentrieren. Machen Sie sich keine Sorgen über „ernsthafte" Themen oder Originalität. Seien Sie freundlich, und Sie werden einen großartigen ersten Eindruck hinterlassen.

4. Was sollten Sie sagen?

Um einen hervorragenden ersten Eindruck zu hinterlassen, müssen Sie überlegen, was Sie sagen werden. Dieser Denkprozess sollte stattfinden, bevor Sie mit der Person sprechen, da er Ihnen die nötige Grundlage für das Gespräch gibt.

Sie können auch einen guten ersten Eindruck erzielen, indem Sie den Tipp einen Konversationspfad zu erstellen, beachten. Dieser Weg wird Ihnen helfen, schnell von einem Punkt zum anderen zu gelangen.

Aber zuerst müssen Sie wissen, was Sie sagen werden. Ich rate Ihnen, Ihre Worte um folgende Konzepte herum zu planen:

- Worin besteht die Verbundenheit der Person mit dem Ereignis
- Urlaub
- Gemeinsame Bekanntschaften

Die obigen Beispiele sind nur ein paar Möglichkeiten, wie Sie Ihre Einstiege planen und von dort aus aufbauen können.

5. Bauen Sie die Unterhaltung auf

Einen guten ersten Eindruck zu hinterlassen, hängt auch davon ab, wie Sie ein Gespräch aufbauen. Gespräche entwickeln sich schnell, da Sie und die andere Person von einem Thema zum anderen wechseln können.

Wenn Sie wissen, wie Sie die Konversation von Anfang bis Ende aufbauen wollen, können Sie sich mit der Person so verbinden, dass er/sie ein Thema in Zukunft erneut mit Ihnen besprechen möchte.

Hier ist ein Beispiel, wie Sie eine Konversation aufbauen können:

Sie: „Haben Sie etwas für das Wochenende geplant?"

Fremder: „Ja, ich habe vor, das neue Pasta-Menü im italienischen Restaurant auszuprobieren."

Sie: „Großartig, ich habe gehört, dass sie dort großartige Pasta haben, und es erinnert mich an einen Urlaub, den ich letztes Jahr in Italien verbracht habe. Wunderschönes Land!"

Fremder: „Wow, Sie waren in Italien. Jetzt geben Sie mir Ideen für meinen nächsten Urlaub."

Sie: „Oh, Italien ist großartig. Sie werden die malerischen Aussichten und das gute Essen lieben. Hatten Sie schon einmal authentisches italienisches Essen?"

Wie Sie sehen, haben sich aufgrund Ihrer Frage nach Wochenendplänen Gespräche über Lebensmittel, Länder und Urlaub entwickelt. So bauen Sie ein Gespräch auf. Wenn Sie eine Konversation starten und diese natürlich abläuft, werden Sie sich beide wohl fühlen.

6. Beenden Sie elegant

Die Art und Weise, wie Sie das Gespräch beenden, kann sich auch auf den Eindruck auswirken, den Sie bei der anderen Person hinterlassen. Die meiste Zeit konzentrieren wir uns ausschließlich auf das, was zu sagen ist und vergessen, wie man das Gespräch besten endet.

Der komplizierteste Teil des Small Talks mit jemandem, den man nicht gut kennt, besteht darin, das Gespräch zu beenden. Manchmal kann es hilfreich sein, einen Grund zum Beenden des Gesprächs zu finden, aber Sie müssen darüber nachdenken, bevor Sie es sagen.

Wenn Sie vor dem Ende stehen, können Sie eines der folgenden Beispiele verwenden oder sie als Inspiration für ein elegantes Beenden Ihres Gesprächs verwenden.

- „Es steht jemand in der Nähe des Eingangs, mit dem ich dringend reden muss. Hoffentlich sprechen wir uns bald wieder."
- „Es war mir ein Vergnügen, mit Ihnen zu sprechen. Ich muss jetzt etwas trinken gehen."
- „Ich muss jetzt einen Anruf tätigen, aber es war ein nettes Gespräch mit Ihnen. Bitte entschuldigen Sie mich."

Was mögen Menschen am liebsten, wenn sie jemanden zum ersten Mal treffen? Sie mögen es, wenn die andere Person Interesse an ihnen zeigt. Einen guten ersten Eindruck zu hinterlassen, ist eine Möglichkeit, Beziehungen zu anderen aufzubauen, aber alles hängt davon ab, wie wohl sich der andere dabei gefühlt hat.

Bei den ersten Eindrücken geht es nicht um die Worte, es geht hauptsächlich um Verbindungen. Die Menschen werden vergessen, was Sie gesagt haben, aber sie werden sich immer daran erinnern, wie sie sich in Ihrer Gegenwart gefühlt haben. Hinterlassen Sie also einen erinnerungswürdigen ersten Eindruck.

Gesprächseinstiege sind großartig, weil sie Brücken gleichen, die das erste Hallo mit dem verbleibenden Teil des Gesprächs verbinden. Der einzige Grund, warum Sie nicht bei Hallo aufhören ist, dass es Gesprächseinstiege gibt, und wenn Sie an mit solchen Einstiegen vertraut sind, werden Sie keine Probleme damit haben, was Sie sagen sollen oder wie Sie es sagen sollen.

Im nächsten Kapitel finden Sie eine Anleitung zu Small Talk-Themen und darüber, was Sie während des Gesprächs diskutieren sollten.

KAPITEL 6:

Leitfaden für Small Talk-Themen und worüber Sie sprechen können

Was möchte ich hier diskutieren?

Es reicht nicht aus, nur den Anfang eines Gesprächs zu kennen (ich wünschte, es wäre so, aber dem ist nicht so). Wenn eine Person großartig in einen Small Talk einsteigen kann, aber nicht weiß, welche Themen sie während der Unterhaltung ansprechen soll, bekommt sie Probleme.

Sie können jetzt selbstbewusst eine Unterhaltung beginnen (wir haben dies in Kapitel 5 besprochen), aber wir werden nun lernen, welche Small Talk-Themen angemessen und unangemessen sind.

Zuerst beginnen wir mit sicheren Themen und Themen, die unbedingt vermieden werden sollten.

Sichere Themen

Das Wetter

Über das Wetter zu sprechen scheint zu berechenbar, aber es ist ein faszinierendes Thema für einen Small Talk, weil es neutral und universell ist. Jeder kann über das Wetter sprechen, und jeder hat auch eine Meinung dazu.

Sie können über den Tag, die Jahreszeit oder die Temperatur sprechen. Sie können Ihren Small Talk auch mit Wetterthemen üben. Wetterthemen helfen Ihnen grandios dabei, auch unangenehme Zustände der Stille zu überwinden.

Hobbys

Wir haben alle Hobbys, also Dinge, die wir gerne tun, und die wir mit anderen teilen möchten. Sie können Hobbys direkt nach dem Erfahren des Namens der Person einbringen. Vor allem wenn Sie wissen, was diese Person tut, kann dieses Thema die Unterhaltung ein wenig freundlicher gestalten.

Hören Sie der Person zu, während er/sie über ihre Hobbys spricht, und wenn Sie Fragen haben, stellen Sie diese, damit Sie sich auch am Gespräch beteiligen.

Arbeit

Die Arbeit ist ein beliebtes Small Talk-Thema, das zwischen Sender und Empfänger hin und her wechselt. Wenn Sie wissen, was die andere Person arbeitet, können Sie besser erkennen, wie Sie mit dem Gespräch fortfahren können.

Konzentrieren Sie sich auf das, was Sie über die Arbeit der anderen Person erfahren möchten. Die Arbeit (ungeachtet dessen, was es ist) ist ein entscheidender Teil des Lebens, sodass dies ein fantastisches Thema für einen Small Talk ist.

Sport

Einige Sportthemen können Lieblingsteams, Sportveranstaltungen, Turniere usw. umfassen. Bleiben Sie über Sportarten wie Fußball, Football, Hockey, Golf usw. auf dem Laufenden, wenn diese Sie interessieren, und Sie werden ein beständiges Thema für jeden Small Talk haben. Im Jahr einer Fußball-WM redet jeder darüber, halten Sie also Ausschau nach aktuellen Informationen.

Sport wird in anderen Abschnitten dieses Kapitels besonders hervorgehoben, da es sich um ein universelles Thema für einen Small Talk handelt. Konzentrieren Sie sich immer auf Sportarten, die Sie mögen, um einen reibungslosen Gesprächsfluss zu gewährleisten.

Familie

Sie können auch nach der Familie fragen, indem Sie als Einstieg in das Gespräch zum Beispiel Folgendes verwenden:

„Haben Sie Geschwister?"

„Wie geht es den Kindern?"

Seien Sie immer offen für familiäre Fragen und Antworten, denn diese Art von Gespräch zeigt die Tiefe Ihrer kommunikativen Fähigkeiten und hilft Ihnen dabei, mehr über die andere Person zu erfahren.

Heimatstadt

Möglicherweise möchten Sie die Person nach ihrer Heimatstadt fragen, und Sie können natürlich ebenfalls von Ihrem Gegenüber danach gefragt werden. Sie könnten aus demselben Ort stammen wie die Person oder etwas über seine/ihre Heimatstadt wissen. Zeigen Sie Interesse an solchen Themen, weil die Leute solche Informationen mit Ihnen gerne teilen.

Nachrichten

Die Nachrichten betreffen uns alle auf die eine oder andere Art und Weise. Wenn Sie sich mit einem aktuellen Thema auskennen, sollten Sie in der Lage sein, grundlegende Gespräche dazu zu führen. Beim Small Talk geht es darum, eine Brücke zwischen Ihnen und der anderen Person zu bauen, somit bestimmt der Inhalt der Diskussion die Stärke der Brücke.

In der heutigen, digitalen Zeit müssen Sie sich nicht nur auf Zeitungen verlassen, da Sie auch über soziale Medien Zugriff auf die Nachrichten haben, um so auf dem Laufenden zu bleiben. Ein Hinweis: Seien Sie vorsichtig mit politischen Themen. Behalten Sie Ihre politische Meinung besser für sich, bis Sie die andere Person besser kennen.

Reisen

Einige Menschen hören und sprechen gerne etwas über Urlaube. Wenn Sie also viel reisen, ist das ein Vorteil für Sie. Fragen Sie ihren Gesprächspartner nach den Orten, die er besucht hat, und empfehlen Sie ihm auch Reiseziele.

Wenn Sie Erfahrungen wie diese austauschen, werden Sie sich mit der anderen Person verbinden und eine hervorragende Gelegenheit für eine Fortsetzung des Gesprächs erhalten.

Kunst und Entertainment

Ja, Kunst- und Unterhaltungsthemen eignen sich hervorragend für einen Small Talk. Filme, Fernsehsendungen, Bücher, Musik, Restaurants usw. sorgen meistens für gute Gespräche.

Diese Kategorien eignen sich vielleicht nicht unbedingt immer als besten Einstieg in ein Gespräch, sind aber fast immer ein sicheres Thema.

Klatsch und Tratsch über Prominente

Es gibt viele Prominente, Sie müssen also nicht alle kennen. Es ist jedoch hilfreich, mit dem Leben einiger berühmter Personen vertraut zu sein.

Diese Art von Gesprächen eignet sich für informelle Treffen, ungezwungene Partys und andere Anlässe, die nicht so seriös sind. Beginnen Sie jedoch *nicht* mit diesem Thema; wenn jemand anderes dieses anbringt, dann können Sie aber trotzdem einfach mitreden.

Zu vermeidende Themen

Einige Fragen sind im Zusammenhang mit Small Talk absolut tabu, weil diese beleidigend, unangemessen oder einfach nicht richtig sind. Wir werden einige dieser Themen im Folgenden analysieren, um Ihnen dabei zu helfen, sie vollständig zu vermeiden, während Sie mit einer anderen Person sprechen.

Finanzen

Fragen an die andere Person, wie viel sie verdient und welche Geldprobleme sie hat, sind unangebracht. Es ist in Ordnung zu fragen, was eine Person für ihren Lebensunterhalt und andere positive Aspekte ihrer Karriere tut, aber fragen Sie sie nicht nach ihrem Gehalt oder ihren Bonuszahlungen.

Alter/Aussehen

Unabhängig davon, wie eine Person aussieht, beziehen Sie sich nicht auf ihr Alter oder Aussehen. Sie können dies nur tun, wenn Sie sie sich gut genug kennen, und obwohl Themen wie Alter oder Aussehen einfach erscheinen, sind sie eher tabu. Fragen Sie die Person nicht „Wie alt sind Sie?" oder „Sind Sie schwanger?". Kommentieren Sie nicht die Gewichtszunahme oder -abnahme der Person. Sie sollten solcherlei Beobachtungen für sich behalten und während des gesamten Gesprächs eine positive Einstellung bewahren.

Sex

Reden Sie nicht über Sex und stellen Sie keine Fragen zur Intimität. Lassen Sie uns ernst sein. Vor allem, wenn Sie mit einem Fremden sprechen, werden Sie sonst schnell als Sexist deklariert. Vermeiden Sie es, offen über sexuelle Vorlieben zu sprechen, und machen Sie keine sexuellen Erwähnungen und Anspielungen. All dies wird dafür sorgen, dass sich die andere Person unwohl fühlt und den Small Talk ruinieren.

Persönlicher Klatsch und Tratsch

Promi-Klatsch ist fair (na los, wir alle lieben ein bisschen Hollywood-Drama), aber über diejenigen zu tratschen, die Sie persönlich kennen, ist tabu. Tratschen oder lästern Sie nicht über andere, denn wenn Sie dies tun, werden Sie in einem schlechten Licht stehen, und die Person, mit der Sie sprechen, kennt möglicherweise die Person, über die Sie sich gerade auslassen.

Ziehen Sie nicht über andere her. Wenn Sie im Gespräch über eine andere Person sprechen müssen, sollten Sie dies in gutem Glauben mit Bestimmtheit und Freundlichkeit tun.

Politik

Politik ist eine große Bedrohung für den Erfolg des Small Talks, da Sie nie erkennen können, ob die Person, mit der Sie sprechen, vielleicht extreme politische Ansichten hat. Wenn Sie nicht riskieren möchten, in eine hitzige und unangenehme Unterhaltung zu geraten, unterlassen Sie bitte das Thema Politik, während Sie einen Small Talk führen.

Vergangene Beziehungen

Vergangene Beziehungen könnten für einige Menschen eine Grauzone sein. Andere nach ihren früheren Beziehungen zu fragen, ist aufdringlich und kann bei vielen Menschen Ärger hervorrufen.

Religion

Einige Themen sind persönlich und möglicherweise sensibel. Aus diesem Grund sollten Sie diese in kleinen Unterhaltungen vermeiden. Man muss verstehen, dass Menschen ihre eigenen religiösen Ansichten haben und man niemandem eine bestimmte Idee oder Überzeugung aufzwingen kann bzw. sollte.

Tod

Ein weiteres ernstes Thema, das Sie vermeiden müssen, ist der Tod. Bitte sprechen Sie beim Small Talk nicht über das Thema Tod, da dieses der Regel zu schwer ist, um sich locker darüber unterhalten zu können.

Einige Themen können sehr provokativ sein, sodass die Person, mit der Sie sprechen, möglicherweise kein weiteres Gespräch mehr mit Ihnen führen möchte. Aber was ist, wenn Sie bei einer Beerdigung sind?

Nun, Sie können über das Leben der Person sprechen, die verstorben ist, und versuchen, optimistisch und für die Person da zu sein, die trauert.

Beleidigende Witze

Sie werden nie wissen, wer Ihren Witz als anstößig empfinden wird, auch wenn Sie ganz klar scherzen und keinen Schaden damit anrichten möchten.

Witze, die sexistische Äußerungen, rassistische Kommentare oder Klischees enthalten, sollten gegenüber einem Fremden unter Verschluss gehalten werden. Ja, sie mögen lustig für Sie selbst sein, aber andere könnten sie als beleidigend empfinden.

Themen für Freunde

Freunde sind großartig, und Sie können mit ihnen sprechen, wann immer Sie möchten. Sollten Sie jedoch einmal kein Gesprächsthema haben, finden Sie hier einige Ideen.

Wahrheit oder Pflicht

Wahrheit- oder Pflichtfragen sind unterhaltsame Fragen, die Sie Ihren Freunden stellen können, insbesondere auf einer Party oder einem unterhaltsamen Event. Sie können sich an belanglosem Geplänkel erfreuen, das mit Fragen zu Wahrheit oder Pflicht einhergeht.

Einige Beispiele:

„Wie war dein Spitzname in der Schule?"

„Hast du es jemals nicht rechtzeitig ins Badezimmer geschafft?"

„Was ist das Schlimmste, was du jemals getan hast?"

Versuchen Sie, diese Fragen nicht als Einstieg zu verwenden, auch wenn diese ideal erscheinen. Diese sollten erst kommen, wenn das Gespräch auf dem Höhepunkt ist und Sie und Ihr Freund sich sehr wohl miteinander fühlen.

Tiefergehende Fragen

Wenn Sie mit Freunden sprechen, kann es auch Platz für einige tiefergehende Fragen geben, die sich auf schwerwiegende Probleme beziehen. Dies sind die Fragen, die Sie stellen, um eine genaue Vorstellung davon zu bekommen, wie es Ihrem Freund geht, insbesondere in herausfordernden Zeiten.

Hier einige Beispiele:

„Wie geht es deinen Eltern?"

„Mit was hast du zurzeit am meisten zu kämpfen?"

„Was denkst du über einen zusätzlichen Abschluss?"

Bitte beachten Sie, dass einige dieser Fragen keine großartigen Small Talk-Einstiege sind, sondern während des laufenden Gesprächs in die Unterhaltung eingespeist werden sollten. Stellen Sie sicher, dass die entsprechenden Fragen zum richtigen Zeitpunkt gestellt werden und dem Anlass angemessen sind.

„Würden Sie eher"-Fragen

Einige der „Würden Sie eher"-Fragen sind humorvoll und witzig. Solche Themen können auch Teil anderer Gespräche sein, um die Stimmung aufzuhellen. Einige Beispiele sind:

„Bevorzugst du Anrufe oder Textnachrichten?"

„Würdest du lieber unkontrolliert tanzen oder zu beliebigen Tageszeiten singen?"

„Würdest du lieber reich werden oder glücklich heiraten?"

Diese Fragen können jeder Unterhaltung mit Ihren Freunden viel Spaß bringen.

Lustige Fragen

Wer mag kein lustiges Gespräch? Das mögen wir alle! Unterhaltsame Fragen bringen uns zum Lachen, Kichern und Entspannen, während wir Informationen austauschen.

Einige Beispiele sind:

„Was ist die lustigste Erinnerung, die du an das Ferienlager hast?"

„Wenn du eine eigene Musikband hättest, wie würde sie dann heißen?"

Zufällige Fragen

Zufällige Fragen sind normale Fragen, die Leute stellen, ohne über eine Antwort nachdenken zu müssen, aber sie eignen sich auch hervorragend für einen Small Talk zwischen Freunden. Gelegenheitsfragen umfassen alles von Filmen bis zu den Wochentagen.

Beispiele sind:

„Was ist deine Lieblingsfarbe?"

„Hast du in letzter Zeit einen guten Film gesehen?"

„Was machst du in deiner Freizeit?"

„Schaust du „Deutschland sucht den Superstar"? Wer ist dein Lieblingskandidat oder Juror?"

Die obigen Fragen können dazu führen, dass sie sich gegenseitig noch besser kennenlernen. Wenn sich Ihr Freund Ihnen gegenüber öffnet, teilen Sie ihm auch Ihre Gedanken mit.

Themen am Arbeitsplatz

Small Talk im Büro oder am Arbeitsplatz scheint einfach zu sein, oder? Dennoch kann es für manche Menschen eine Herausforderung sein, wenn sie sich ausgegrenzt fühlen, während ihre Kollegen bestimmte Themen diskutieren.

Vielleicht reden alle über Fußball, eine Fernsehsendung oder ein bevorstehendes Ereignis, und Sie fühlen sich verloren. Hier einige erfreuliche Neuigkeiten: Sie sind damit nicht allein! Sie können diese Situation im Büro mit den folgenden Tipps ändern und mit Ihren Kollegen Gemeinsamkeiten herstellen.

Auch wenn alle über etwas sprechen, mit dem Sie nicht vertraut sind oder was Sie nicht mögen, können Sie das Blatt des Small Talks nach Ihren Wünschen wenden. Alles, was Sie tun müssen ist, die Art von Fragen zu stellen, die zu Ihrem Gesprächsstil passt.

Aber zuerst müssen Sie einige der Bereiche kennen, die abgedeckt werden sollten. Diese finden Sie im Folgenden:

Bitte beachten Sie, dass die folgenden Tipps Fragen sind, die Ihnen den Einstieg in das Gespräch erleichtern.

Popkultur

Jeder liebt Popkultur! Eine ausgezeichnete Möglichkeit, über die Popkultur zu sprechen, ist die Filmszene, die dazu beitragen kann, ein schnelles Gespräch zu führen. Auch wenn Sie die Netflix-Serie The Crown noch nicht gesehen haben, können Sie höflich nicken, wenn die andere Person über diese Serie spricht oder sie sprechen eine an, die Sie gesehen haben oder die Sie lieben.

Versuchen Sie eine der folgenden Möglichkeiten:

„Ich habe gerade ein Netflix-Abonnement abgeschlossen. Welchen Film können Sie mir empfehlen?"

„Ich muss mal wieder einen Serienmarathon starten. Haben Sie irgendwelche Empfehlungen?"

„Ich suche nach neuer Musik, die ich meiner Apple Playlist hinzufügen kann. Was hören Sie gerade?"

Was haben Sie gemeinsam?

Unabhängig davon, was Sie im Büro tun, haben Sie mit Sicherheit ein oder zwei Dinge mit jemandem gemeinsam. Sie essen wahrscheinlich mit Ihren Kollegen, pendeln mit ihnen und erledigen andere Dinge zusammen. Es gibt also einfache Möglichkeiten, damit einen Small Talk zu beginnen.

Probieren Sie einen dieser Tipps aus:

„Was ist Ihr Lieblingslokal zum Mittagessen hier in der Nähe?"

„Ich sehe, Sie bevorzugen den Drucker im Ablageraum gegenüber dem Drucker im Außenbereich. Das tue ich auch."

„Wissen Sie, wie ich es vermeiden kann, die Baustelle auf der Hauptstraße durchfahren zu müssen?"

Büroalltag

Den Büroalltag haben Sie und Ihre Kollegen gemeinsam. Diese Art von Thema findet bei allen Anklang.

Probieren Sie diese Tipps aus:

„Was ist das für ein Geruch, der aus dem Kopierer kommt?"

„Wie großartig ist der neue Pausenraum?"

„Bitte sagen Sie, dass ich nicht der einzige bin, der im Aufzug stecken geblieben ist und fast eine Panikattacke bekommen hätte."

„Finden Sie unten immer gut einen Parkplatz?"

Reden Sie über sich selbst

Eine ausgezeichnete Möglichkeit, im Büro Small Talk zu führen, besteht darin, Sie selbst zu sein. Seien Sie sie selbst, indem Sie über einige lustige Dinge sprechen, die andere möglicherweise auch erfahren haben, aber nicht von sich aus ansprechen. Hören Sie auf „cool" zu wirken. Wir alle möchten, dass Sie authentisch sind, damit die Leute schnell mit Ihnen eine Verbindung eingehen können.

Dies sind hilfreiche Tipps:

„Freut sich noch jemand so auf den Zitronenkuchen wie ich?"

„Ich liebe Freitage. Ich zähle von Montag an rückwärts. Ich kann doch wohl nicht der Einzige sein, der das tut."

Reisen

Die meisten Kollegen im Büro werden sicherlich gerne über Urlaube (vergangene Reisen und zukünftige Bestrebungen) sprechen wollen. Urlaubsthemen eignen sich hervorragend für Small Talk am Arbeitsplatz.

Wenn Sie viel gereist sind, versuchen Sie nicht, dies mit Ihren Kollegen zu vergleichen. Seien Sie bescheiden und freuen sich trotzdem darauf, Ihre Erfahrungen zu teilen. Probieren Sie diese Tipps aus:

„Wohin sind Sie zuletzt gereist?"

„Welche Reise, haben Sie für den Sommer geplant?"

„Wenn Sie ein Sabbatical nehmen könnten, wohin würden Sie gehen oder was würden Sie tun?"

Small Talk für Unternehmer/Vertrieb

Small Talk ist ein wichtiger Aspekt des Verkaufs, und wenn Sie etwas Kreativität hinzufügen, können Sie Ihre Umsatzzahlen steigern. Wenn Sie im Verkauf tätig sind oder Unternehmer sind, stimmen Sie mir sicher zu, dass einige Kunden emotionale Käufer sind.

Diese emotionalen Käufer verstehen die Bedeutung Ihres Produkts für ihr Leben, benötigen jedoch vor dem Kauf eine gewisse Verbindung zum Verkäufer. Solche Kunden werden der Bestätigung nie müde, und wann werden solche Bestätigungen gegeben? Bei einem Small Talk!

Small Talk hilft Ihnen dabei, eine Verbindung zu Kunden und potenziellen Kunden herzustellen. Dadurch gewinnen Sie die Zeit, die der Kunde benötigt, um nach Ihrem Verkaufsgespräch eine Entscheidung zu treffen. Die Herausforderung bei einem Small Talk für den Vertrieb besteht darin, zu wissen, wie man diesen effektiv einsetzt und wie man das Momentum aufbauen und nutzen kann. Sie müssen wissen, wie Sie die potenziellen Kunden durch einen Frage-Antwort-Ansatz zufrieden stellen können.

Wie können Sie das erreichen?

1. Seien Sie kurz und überzeugend

In der Geschäftswelt ist Zeit ein wesentlicher Faktor, und wenn Sie die Aufmerksamkeit der Menschen auf sich ziehen möchten, müssen Sie zeigen, dass Sie ihre Zeit respektieren (auch bei einem Small Talk). Potenzielle Kunden interessieren sich nicht für Ihre langwierigen Kommentare zu Ihrem Geschäftsmodell oder Produkt, vermeiden Sie also besser lange Vorträge.

Alles, was Sie sagen, sollte kurz sein und spezifische sowie aufschlussreiche Informationen enthalten, die die Aufmerksamkeit des potenziellen Kunden auf sich ziehen. Wenn Sie dies gut genug machen, erhalten Sie die Gelegenheit, ein ausführliches Folgegespräch zu führen.

2. Stellen Sie Fragen zum Unternehmen des potenziellen Kunden

Wenn Sie Fragen zum Unternehmen oder zum Markt des potenziellen Kunden stellen, können Sie ihm/ihr die Leitung des Gesprächs ermöglichen (keine Sorge, der richtige Zeitpunkt, um Ihr Verkaufsgespräch zu führen, kommt schon noch).

Wenn Sie nach dem Unternehmen des potenziellen Kunden fragen, erhalten Sie einen Vorteil, da sich die Person viel wohler bei Ihnen fühlt. Dieser Schritt und andere werden Ihnen dabei helfen, höhere Umsätze zu erzielen.

3. Gehen Sie vom Allgemeinen zum Spezifischen.

Nachdem Sie sich nach dem Unternehmen des potenziellen Kunden erkundigt haben, sollten Sie von einer allgemeinen Idee zu einer spezifischen übergehen. Mit „spezifisch" meine ich, dass Sie eine raffinierte Verbindung zwischen dem, was Sie anbieten, und dem, was der Interessent benötigt, herstellen sollten.

Hier ist ein Beispiel. Sie arbeiten für ein Unternehmen, das Küchengeräte verkauft, und Sie sind der Verkaufsleiter des Unternehmens. Ihr Team muss an Restaurants und Familien verkaufen.

Wenn Sie beispielsweise mit dem Geschäftsführer von McDonald's einen Small Talk halten, können Sie bei diesem Schritt einen konkreten Zusammenhang zwischen dem neuen Grill-Set, das Sie vermarkten, und der Frage herstellen, wie McDonald's einen perfekt gegrillten Burger erreichen kann.

Die allgemeine Idee ist „Küchenausstattung" und das spezifische Element ist „das Grill-Set". Ich schlage vor, dass Sie vom Allgemeinen zum Speziellen wechseln sollten, da dies den Umsatz ankurbelt und Ihnen dabei hilft, exzellente Small Talks durchzuführen.

4. Fragen Sie nach den Ansichten des Interessenten

Als Nächstes sollten Sie den potenziellen Kunden nach seiner/ihrer Meinung zum Geschäftszweig und zur Branche fragen. Der Grund, warum Sie dies in einen Small Talk zum Thema Verkauf einbauen sollten, ist, dass Sie so mehr Informationen bekommen, die Ihnen dabei helfen können, einen erfolgreichen Verkaufsabschluss zu erzielen.

So erfahren Sie, wie die potenziellen Kunden über das neue Produkt denken. Wird das Produkt seine/ihre Probleme lösen können? Wenn Sie diese Art von Frage stellen, erhalten Sie die ehrliche Meinung des potenziellen Kunden.

Bereiten Sie einen inhaltlichen Einstieg vor Wenn Ihr potenzieller Kunde entspannt ist, können Sie Ihre Verkaufspräsentation fortsetzen. Jetzt hat der Interessent bereits eine Vorstellung davon, was Sie sagen möchten.

Aber Sie müssen die Initiative ergreifen, nützliche Informationen präsentieren und Respekt für seine Zeit zeigen, indem Sie aufrichtig sind. Sie werden feststellen, dass es für Sie einfacher sein wird, den Verkauf mit diesem Ansatz positiv abzuschließen.

Small Talk-Fragen (Bonusbereich)

In diesem Abschnitt finden Sie einige kurze Fragen, die eine wertvolle Ergänzung zu dem sind, was Sie bisher gelesen haben. Diese Fragen umfassen unterschiedliche Themen.

1. Was ist der beste Rat für Ihre Karriere, den Sie erhalten haben?
2. Welches ist Ihr Lieblingsrestaurant?
3. Waren Sie schon einmal in Afrika?
4. Wer ist Ihre Lieblingsperson auf Instagram?
5. Was essen Sie am liebsten?
6. Wenn Sie irgendwohin fliegen könnten, wohin wäre das?
7. Haben Sie Podcast-Vorschläge, während wir pendeln?

8. Lesen Sie gerade ein bestimmtes Buch?
9. Wenn Sie einen Film wiederholt ansehen könnten, welcher wäre das?

Dies sind Fragen, die weniger zum Einstieg gedacht sind, sondern die Konversation selbst weiter aufbauen. Sie können sie jederzeit ändern, um die jeweilige Situation zu reflektieren, in der Sie sich befinden. Der springende Punkt ist jedoch, dass diese Fragen Ihnen beim Üben helfen. Und was lässt sich über das Üben sagen? Es macht perfekt. Eine Kenntnis der aktuellen Themen und der Themen, die außerhalb bestimmter Grenzen liegen, ist wahrscheinlich der wichtigste Aspekt von Small Talk.

Das nächste Kapitel ist eine Anleitung dazu, wie Sie das Gespräch am Laufen halten können. Dies sollte nicht zu schwer sein, da Sie die Themen kennen, auf die Sie sich konzentrieren müssen, und wissen, was Sie vermeiden sollten.

KAPITEL 7:

Die Unterhaltung am Laufen halten

Einige Personen werden zustimmen, dass das Starten eines Small Talks ziemlich einfach ist, besonders wenn man geübt darin ist. Aber wie stellen Sie sicher, dass das Gespräch weitergeht? Wie kommen Sie mit der anderen Person klar? Wie können Sie wissen, was die andere Person sagen wird und wodurch sich die Konversation verändern könnte?

Diese Fragen sind von entscheidender Bedeutung und werden in diesem Kapitel beantwortet. Hier lernen wir, wie Ihnen die Themen nicht ausgehen (damit Sie den Gesprächsfluss aufrechterhalten können). Hier finden Sie auch eine Beschreibung der FORD- und ARE-Methoden.

Der Sinn von all dem ist es, unangenehme Stille zu vermeiden. Wir werden mit Ideen beginnen, die verhindern, dass Ihnen die Themen ausgehen und Sie nicht mehr wissen, was Sie sagen sollen.

So gehen Ihnen im Gespräch die Themen nicht aus

Wir hatten alle schon einmal diese Momente, in denen sich unser Kopf mitten im Gespräch einfach leer anfühlt. Sie suchen verzweifelt in Ihrem Gehirn nach etwas, das Sie sagen können, und je mehr Sie es versuchen, desto schwieriger wird es.

Unangenehme Stille setzt ein, und das Nachdenken beginnt:

„Bin ich unfähig, einen Small Talk zu führen?"

„Was wird diese Person über mich denken?"

„Was stimmt nicht mit mir?"

Wenn Ihnen dies in der Vergangenheit schon passiert ist, werden Sie zustimmen, dass es sich mies anfühlt. Aber keine Sorge, jetzt werden wir damit fertig (so wie wir es bisher auch gemacht haben). Ihnen ist vermutlich einfach nichts mehr eingefallen, weil Sie nicht gut genug trainiert haben, und wahrscheinlich abgelenkt worden sind, während die andere Person noch sprach.

Im Folgenden finden Sie drei wichtige Strategien, die sehr hilfreich dabei sein werden, ein Gespräch aufrecht zu erhalten.

Erste Strategie

Die erste Strategie ist der „Quick Scan"-Ansatz, mit dem Sie über Neuigkeiten und Informationen informiert bleiben. Scannen Sie jeden Tag bevor Sie losgehen die sozialen Medien, Online-Zeitungen und andere spannende Plattformen nach aktuellen Informationen.

Der Grund, warum Sie sich diese Mühe machen sollten ist, dass Sie die Überschriften oder Themen (die nicht sensibel oder radikal sind) als Gesprächseinstiege verwenden können. Mit dieser Methode verfügen Sie über ein Sicherheitsnetz, mit dem Sie dem Gespräch etwas Neues und Frisches hinzufügen können.

Im Büro können Sie beispielsweise so beginnen:

Sie: „Kurz bevor ich das Haus verlassen habe, habe ich einen Beitrag von Serena Williams auf Instagram gesehen."

Fremder: „Wirklich? Worum ging es?"

Sie: „Sie hat gerade ihre Modelinie auf den Markt gebracht."

Fremder: „Wow, ich habe Serena schon immer gemocht. Ich kann es kaum erwarten, die Kollektion zu sehen."

Mit dem obigen Beispiel wird deutlich, dass der andere offensichtlich Mode mag. Diese Methode eignet sich am besten für Personen im Büro oder für andere Personen, von denen Sie eine Vorstellung haben, was sie mögen (Sport, Mode usw.).

Zweite Strategie

Die zweite Strategie ist die „Speichen"-Methode, mit der Sie sich zu verschiedenen Themen mit jedem verbinden können. Das Wort „Speichen" für diese Methode stammt von den Speichen eines Fahrradreifens. Die Speichenmethode besagt, dass man die Fähigkeit besitzt, jedem Thema zu folgen ohne sich direkt mit dem Inhalt auszukennen, so wie die Speichen beim Fahrrad einfach mitlaufen.

Der Small Talk ist das Zentrum, die Speichen (Themen) strahlen vom Zentrum aus. Sie können also beliebig viele andere Themen einbringen, wenn Sie mit dem aktuellen Thema nicht vertraut sind.

Blocken Sie aber die andere Person nicht ab, wenn sie zum Beispiel über Wandern spricht und Sie nichts über Wandern wissen. Sie müssen nicht mit dem Thema Wandern fortfahren. Denken Sie stattdessen über das Thema nach und erwähnen Sie etwas, das dem Wandern ähnelt und mit dem Sie vertraut sind.

Sie können auch die Anfängerrolle spielen, indem Sie Fragen zum Wandern stellen, da die Person Sie mit Informationen versorgen kann und Sie so in der Lage sind, das Gespräch am Laufen zu halten. Insgesamt lehrt Sie die „Speichen"-Methode, dass Sie mit jeder Person über irgendein Thema ins Gespräch kommen können.

Hier ist ein Beispiel:

Fremder: „Sind Sie in letzter Zeit mal gewandert?"

Sie: „Kann man denn bei diesem Wetter überhaupt wandern?"

Fremder: „Ja, natürlich."

Sie: „Oh, schön. Ich bevorzuge aber Mountainbike-Rennen. Waren Sie schon mal bei einem dabei?"

Fremder: „Ja, und es hat mir sehr gefallen."

Der Grund, warum die „Speichen"-Methode funktioniert ist, dass sie für alle von Vorteil ist. Sie können ohne unangenehme Pausen großartige Gespräche führen.

Sie sollten während des Gesprächs kontinuierlich darauf achten sich nicht ständig zu verbessern oder zu widersprechen. Lassen Sie das Gespräch seinen natürlichen Verlauf nehmen, da es nicht perfekt sein muss, es muss nur gut genug sein.

Dritte Strategie

Die dritte Strategie ist als „Schnellgewinn"-Strategie bekannt, mit der Sie lernen, beim Small Talk nicht nachzudenken und nicht zu zögern, wenn Sie einer anderen Person antworten. Wenn Sie zögern, denken Sie nach und geben Antworten wie „Das kann ich nicht sagen" oder „Darauf habe ich keine Antwort". Ebenso kann dies zu verpassten Gelegenheiten führen, da das Zögern es dem anderen erlaubt, die Diskussion zu dominieren. Im weiteren Verlauf wird das, was Sie sich ursprünglich von diesem Gespräch versprochen haben, wahrscheinlich immer weniger relevant.

Wenn Sie aufhören nachzudenken und stattdessen handeln, werden Sie lernen und sich schneller entwickeln. Wie funktioniert diese Strategie?

Stellen Sie sich zunächst einer oder mehreren neuen Personen vor (falls es sich um eine Gruppe handelt). Bringen Sie sich in die Unterhaltung ein, indem Sie Ihre Meinung zum Thema kundtun.

Sprechen Sie als Nächstes interessante Themen an, die an den bisherigen anschließen.

Versuchen Sie weiterhin die Neugierde der anderen Person, Sie näher kennen lernen zu wollen, aufrecht zu erhalten.

Durch aufrechterhalten der Neugierde an der eigenen Person, kann ein Small Talk schnell positiv verlaufen und ein bleibender positiver Eindruck hinterlassen werden. Sie werden mitreißendere Gespräche führen, die eine bleibende Wirkung haben und ein Teil von Ihnen werden. Auf diese Weise fällt es Ihnen nicht schwer etwas zu sagen, wann immer Sie sich auf Diskussionen einlassen.

Der Aufbau von Vertrauen ist auch beim Small Talk von entscheidender Bedeutung, um das gewünschte Ziel zu erreichen. Im Gegensatz zur allgemeinen Meinung kann jeder Mensch Vertrauen aufbauen. Alles, was Sie tun müssen ist, sich an die zwei allgemeinen Ideen zu halten, die ich zuvor erwähnt habe (Übung und Präsenz).

Mit konsequenter Übung und bewusster Präsenz halten Sie jedes Gespräch am Laufen. Mit der Zeit wird sich das alles ganz natürlich für Sie anfühlen.

Die FORD-Methode

Die einzelnen Buchstaben der FORD-Methode stehen für Themen, die in einem Gespräch als Starthilfe verwendet werden können.

F: Family (Familie). Hier können Sie nach der Familie fragen, um die andere Person besser kennenzulernen. Ab jetzt ist es möglich, dass Sie beide später im Gespräch erneut auf die Familie zurückkommen, wenn Sie mit diesem Einstieg eine gute Grundlage geschaffen haben, wird dies problemlos möglich sein.

O: Occupation (Beruf). Erinnern Sie sich an das, was wir in einem früheren Kapitel dazu besprochen haben? Die Menschen reden gerne über ihre Arbeit. Eine andere Möglichkeit, das Gespräch am Laufen zu halten, besteht darin, ihnen Fragen zu ihrer Arbeit zu stellen.

R: Recreation (Freizeit, Spaß!). Wir alle lieben es, über unsere Freizeit zu sprechen. Dies ist ein großartiges Thema, um die Unterhaltung am Laufen zu halten.

D: Dreams (Träume). Diese Idee bezieht sich auf Spekulationen über die Zukunft, Ambitionen und die Art von Dingen, die die Person tun möchte. Die meisten Menschen fühlen sich entspannt, wenn ihnen Fragen zu ihren Träumen gestellt werden. Nutzen Sie diese Gelegenheit, um großartige Gespräche zu führen.

Wenn Sie die Unbeholfenheit in Ihrem Gespräch ganz ausschließen möchten, müssen Sie ein guter Zuhörer sein. Wenn die Person etwas gesagt hat, was Sie nicht mitbekommen oder nicht verstanden haben, bitten Sie sie höflich, es zu wiederholen, damit Sie verstehen, was sie gesagt hat.

Die ARE Methode

Die von Dr. Carol Fleming, einer Kommunikationsexpertin, entwickelte ARE-Methode eignet sich hervorragend für Small Talks. Diese Methode ist ein dreiteiliger Prozess, bei dem jeder Buchstabe (ursprünglich aus dem Englischen) die spezifischen Schritte darstellt.

A: Anchor (Anker). Dies ist etwas, was Sie mit der anderen Person verbindet. Nachdem Sie die Person gerade kennengelernt haben, sollte der Ausgangspunkt des Gesprächs ein Kommentar darüber sein, was Sie beide sehen und erleben können.

Der Anker ist eine Möglichkeit, eine unmittelbare Verbindung mit der anderen Person herzustellen, indem die Ereignisse oder gegenwärtigen Umstände, die Sie beide umgeben, genutzt werden. In dieser „A"-Stufe müssen Sie sich keine Sorgen mehr machen, ob Sie mit etwas Intelligentem oder Großartigem aufwarten müssen. Eine angenehme und unkomplizierte Eröffnung reicht aus.

Wenn Sie zum Beispiel beide bei einer Geburtstagsfeier eines älteren Bekannten sind, können Sie sagen: „Was für ein schöner Abend, um einen 80. Geburtstag zu feiern!" Das „A" in der ARE-Methode hilft Ihnen dabei, gut anzufangen und das Gespräch so fortzusetzen.

R: R steht für „reveal" (offenbaren), was bedeutet, dass Sie etwas über sich preisgeben. Was Sie über sich erzählen, sollte immer eine Verbindung zum Inhalt des Gesprächs aufweisen.

Nach der ersten Aussage über den Abend aus dem ersten Teil kann man sagen: „Ich habe einige Veranstaltungen wie diese im letzten Jahr besucht, aber das Wetter war nie so schön."

E: E steht für „encourage" (ermutigen). Dies bezieht sich darauf, wie Sie die Person zu Antworten ermutigen können, indem Sie eine Frage stellen. Wenn wir das Gespräch schlecht führen, ist dies darauf zurückzuführen, dass wir der anderen Person nicht erlauben, seine/ihre Meinung einzubringen. Wenn wir unserem Beispiel folgen, können Sie fragen: „Und Sie? Haben Sie schon einmal an einer solchen Feier teilgenommen?" Wenn die Person eine Antwort gibt, besteht der nächste Schritt darin, den Ball am Laufen zu halten. Wie können Sie dies tun?

Sie können den Ball am Laufen halten, indem Sie weitere Fragen stellen und darauf bezogen Kommentare abgeben. Bemühen Sie sich immer, ein Gleichgewicht zwischen Erklärungen und Fragen zu finden, da zu viele Kommentare von Ihnen die andere Person daran hindert, selbst Kommentare abzugeben. Mehr noch, zu viele Fragen von Ihnen lassen alles wie ein Verhör erscheinen.

Sie fragen sich vielleicht, was passiert, wenn die Unterhaltung ins Stocken gerät? Nun, das können Sie tun: Erinnern Sie sich an FORM!

Ja, wir haben jetzt ein anderes Akronym und das bedeutet:

Familie: Sie können die Person bitten, Ihnen von ihrer Familie zu erzählen. Haben sie Kinder? Enkelkinder?

Beruf Sie können sie auch fragen, was Ihr Gegenüber beruflich macht, was er an seinem Beruf am meisten liebt und einige andere Informationen über den Beruf (nicht aufdringlich).

Freizeit: Freizeitthemen können Fragen zum Urlaub, zu den Inhalten seiner/ihrer Löffelliste usw. sein.

Motivation: Mit Motivation ist es Ihr Ziel, die andere Person zu motivieren, mehr Informationen mit Ihnen zu teilen. „Beabsichtigen Sie, später an anderen solchen Veranstaltungen teilzunehmen?"

Die FORM-Methode soll Ihnen helfen, die typische Art des Small Talks zu vermeiden, bei der nervige Fragen und Aussagen wie „Hallo, wie geht es Ihnen?", „Wie war Ihre Woche?" usw. aufkommen.

Noch ein paar Hinweise für Sie:

Erwähnen Sie Ihren Namen mehr als einmal, weil es für die Person leicht ist, Ihren Namen in einer Diskussion zu vergessen. Wiederholung hilft in diesem Fall, das Gedächtnis zu stärken, und es ist eine gute Möglichkeit, einen guten ersten Eindruck zu hinterlassen.

Vermeiden Sie Antworten mit nur einem Wort wie „Ja", „Yeah", „Nein". Diese sind zu abrupt und es sieht so aus, als wären Sie nicht bereit, ein Gespräch zu führen.

Schaffen Sie zum Schluss eines Gesprächs immer ein eindeutiges, klares Ende, indem Sie den Satz „Ich muss ..." verwenden, wie in „Entschuldigung, ich muss schnell telefonieren" oder „Es war schön, Sie kennenzulernen, ich muss jetzt etwas zu essen holen". Sie können auch einige Empfehlungen zum Abschied geben, wie zum Beispiel: „Ich habe Ihre Reiseerzählung genossen. Ich hoffe, bald wieder mit Ihnen zu sprechen."

Ein sehr auffälliges Merkmal von Small Talk ist, dass es ein Muster gibt, und sobald Sie das Muster kennen, können Sie damit Erfolg haben, unabhängig davon, mit wem Sie sprechen. Die Konzepte in diesem Kapitel haben einige dieser Muster aufgezeigt, und die Verwendung dieser Muster zusätzlich zu allem, was Sie bisher gelernt haben, kann für Sie langfristig von großem Nutzen sein.

Im nächsten Kapitel geht es darum, wie Sie den Small Talk elegant beenden können. Was können Sie tun, wenn Sie zu Ende geredet haben? Gehen Sie einfach? Lächeln und winken Sie? Wie genau sollte man einen Small Talk beenden? Das erfahren wir im nächsten Kapitel.

KAPITEL 8:

Ausstieg planen - Small Talks elegant beenden

Nicht vielen Menschen ist bewusst, dass wir alle üben müssen, wie man ein Gespräch elegant beendet. Infolgedessen lernen die Menschen zwar selbst etwas über die Teilnehmer einer Unterhaltung, aber es fehlt der Plan für den Ausstieg.

Ja, es ist gut, einen hervorragenden ersten Eindruck zu hinterlassen, aber was ist mit einem hervorragenden letzten Eindruck? Was sollten Sie sagen, wenn das Gespräch zu Ende geht? Wie sagt man das? Wie kann ein Konzept für einen eleganten Ausstieg aussehen? Ist es möglich, einen fantastischen bleibenden letzten Eindruck zu hinterlassen? Lassen Sie es uns herausfinden.

Was sollen Sie sagen, und wie sollten Sie es sagen?

Es gibt verschiedene Gründe, warum eine Person ein Gespräch beenden möchte. Möglicherweise möchten sie es beenden, weil sie zu einer vorherigen Aufgabe zurückkehren müssen oder Besorgungen machen möchten. Es könnte auch sein, dass sie nicht mehr in der Stimmung sind oder die Dinge kurz halten möchten.

Die Art und Weise, wie Sie eine Unterhaltung beenden, hängt auch vom Kontext ab. Vielleicht haben Sie eine andere Person getroffen, oder Sie haben einen unerwarteten Anruf erhalten. Wenn Sie mit jemandem ins Gespräch kommen, ist es im Allgemeinen immer ratsam, sich Zeit zu nehmen, um das Gespräch auch angemessen zu beenden.

Wenn Sie sich Zeit nehmen, werden Sie in der Lage sein, ein perfektes Ende zu finden. Das Timing ist jedoch nie in Stein gemeißelt, besonders wenn das Gespräch spannend wird und Sie sich mit der anderen Person wohl fühlen. Führen Sie das Gespräch so lange wie möglich weiter und beenden Sie es dann gut.

Also, was sollten Sie sagen, um den Small Talk zu beenden?

Beenden Sie es schnell und sauber

Sie müssen nichts Formelles sagen, um das Gespräch zu beenden oder eine großartige Erklärung abzugeben. Eine große Aussage ist nicht erforderlich, da sie dazu führt, dass Sie die Konversation in die Länge ziehen, was letztendlich die Dinge für Sie und die andere Person unangenehm macht.

Verabschieden Sie sich schnell und sauber, sodass kein Platz für ein weiteres Gespräch bleibt, das vielleicht das gesamte Erlebnis für Sie beide ruiniert. Es ist in Ordnung zu sagen, dass Sie gehen wollen, ohne irgendwelche scheinheiligen Begründungen. Hier einige Beispiele:

- „Ich muss jetzt gehen. War schön mit Ihnen zu reden."
- „Nun, das ist mein Stichwort, um jetzt weiter zu machen. Wir sprechen später?" (Während eines Telefongesprächs)
- „Also gut (dem Gesagten des anderen zustimmen)."
- „Genießen Sie den Rest der Party. Gute Nacht."

Die obigen Beispiele zeigen, wie Sie eine Unterhaltung flink und ohne zusätzliche Kommentare beenden können. Dieser Schritt ist nur eine Möglichkeit, eine Konversation zu beenden. Wir werden im weiteren Verlauf viele weitere hervorheben. Der Punkt hier ist, dass Sie das Gespräch schnell und sauber beenden können.

Verlassen einer Gruppendiskussion

Die Regeln für eine Gruppendiskussion sind anders, da Sie nichts Besonderes sagen müssen. Wenn Sie einer Gruppenunterhaltung auf einer Party beigetreten sind, können Sie bereits nach einigen Minuten entscheiden, ob Sie die Gruppe verlassen möchten.

Alles, was Sie in dieser Situation zu tun haben, ist wegzugehen. Bei Gruppendiskussionen treten Personen ein und aus, ohne den Gesprächsfluss zu behindern. Wenn es Ihnen jedoch zu unangenehm ist, einfach leise davonzulaufen, brechen Sie mit einem kleinen Nicken oder gemeinsam mit anderen Gesprächsteilnehmern auf.

Sie können auch die Person, die neben Ihnen steht, kurz antippen und darüber benachrichtigen, dass Sie gehen.

Fassen Sie alles zusammen, was sie gesagt haben

Eine andere Möglichkeit, das Gespräch elegant zu beenden, besteht darin, alles, was Sie gesagt haben, zusammenzufassen. Diese Methode ist eine hervorragende Möglichkeit, den Übergang vom Small Talk zum Abschluss elegant zu gestalten.

Kommentieren Sie das aktuelle Thema und fassen Sie die Diskussion kurz zusammen, bevor Sie angeben, dass Sie jetzt aussteigen möchten. Hier sind einige Beispiele, die als Leitfaden dienen können:

„Ja, mit dem Unternehmen ist viel passiert. Wie auch immer, ich muss jetzt los. Wir werden zu einem anderen Zeitpunkt fortfahren."

„Sie haben alles gesagt. Der Innenarchitekt hätte es besser machen können. Hoffen wir, dass es das nächste Mal besser wird. Bis später."

Gehen Sie, ohne zu viel zu sagen

Behindern Sie das Ende eines Gesprächs nicht mit übermäßigen Diskussionen über irrelevante Dinge und versuchen Sie nicht, neue Ideen anzubringen, die weitere Diskussionen auslösen. Denken Sie daran, dass Sie am Ende sind und zum Abschluss des Gesprächs bereit sind. Tun Sie dies einfach, ohne es kompliziert zu machen.

Elegantes Beenden

Manchmal kann es schwierig sein, einen Small Talk zu beenden. Aus diesem Grund sollten Sie sich Gedanken darüber machen, wie Sie Ihre Small Talks abschließen können. Wir werden im Folgenden einige Tipps und Ideen dazu betrachten:

Sie sind nicht der einzige, der daran denkt, das Gespräch zu beenden

Wenn Sie das Gespräch unbedingt beenden möchten, sollten Sie wissen, dass Sie nicht allein sind, da die andere Person möglicherweise über dasselbe nachdenkt. Die meisten Menschen, die sich mit Small Talk beschäftigen, wissen, dass es enden wird und sind bereit, es zu dem Zeitpunkt zu beenden, zu dem Sie es beabsichtigen.

Wenn Sie einen eleganten Ausstieg vornehmen, müssen Sie sich keine Sorgen darüber machen, ob Sie die Gefühle der anderen Person verletzen, indem Sie das Gespräch beenden. Zu wissen, dass sie über dasselbe nachdenken, wird Ihnen helfen, sich zu entspannen und es mit Leichtigkeit zu erledigen.

Vorausahnen des Endes

Wenn wir etwas beenden wollen, ist es gut, vorher darauf hinzuweisen. Ja, Small Talk ist kein sehr ernstes Thema, aber wenn Sie großartig darin sind, könnte die Tatsache, dass Sie kurz vor dem Ende stehen, für die andere Person enttäuschend sein.

Damit Sie elegant abschließen können, müssen Sie die Auswirkungen Ihres Ausstiegs abfedern, indem Sie diesen ankündigen, bevor es so weit ist. Wenn Sie dies tun, programmieren Sie auch die Gedanken der anderen Person, damit diese auf das Ende des Gesprächs vorbereitet ist. Es gibt verschiedene Möglichkeiten, das Ende des Small Talks anzukündigen. Die folgenden Beispiele können als Richtlinie dienen.

„Ich habe der Braut versprochen, ihr einen besonderen Gast vorzustellen, aber bevor ich das tue, lassen Sie mich wissen, was Sie denken."

Mit dem obigen Beispiel hat der Sprecher das Ende des Gesprächs bereits angekündigt, indem er der Person mitteilt, dass er/sie bald auf dem Weg zur Braut sein wird (wir gehen davon aus, dass es sich um eine Hochzeit handelt). Einige andere Beispiele:

„Ich kann es kaum erwarten, das Gebäck dort zu probieren, aber was denken Sie über das Dekor?"

„Ich werde den Ausstellungsstand besuchen, gleich nachdem sie mir alles über das neue Produkt erzählt haben, das Ihre Firma nächste Woche auf den Markt bringt."

Stellen Sie eine andere Person vor

Eine andere Möglichkeit, einen Small Talk elegant zu beenden, ist es, Ihrem Gesprächspartner eine andere Person vorzustellen. Dieser Schritt ermöglicht es Ihnen problemlos auszusteigen, indem Sie die andere Person jemand Neuem vorstellen und anschließend die Unterhaltung beenden.

Hier geben Sie der Person, mit der Sie sich unterhalten, die Möglichkeit, sich mit einer anderen Person zu verbinden, während Sie sich elegant verabschieden.

Aber Sie müssen darauf achten, dass Sie nicht nur irgendjemanden vorstellen. Sie sollten sich aber für jemanden entscheiden, der sich auch mit dem Thema des Gesprächs auskennt und somit ein gemeinsamer Kontakt werden könnte.

Wenn die andere Person zum Beispiel über die Dekoration oder Inneneinrichtung auf der Veranstaltung spricht, können Sie ihn/sie dem Innenarchitekten vorstellen. Der richtige Weg, dies auszuführen, besteht darin, sich des Timings, der Präsenz und der Person, die Sie vorstellen, bewusst zu sein.

Bitte entfernen Sie sich nie ganz von Ihrem Gesprächspartner, um die Person einzubinden, die Sie vorstellen möchten. Dies bedeutet, dass Sie den Raum nach möglichen interessanten Personen absuchen müssen, die Sie Ihrem Gesprächspartner vorstellen können, während Sie sich noch mit ihm unterhalten.

Einige Beispiele, die Sie verwenden können:

„Hey, da ist der Chefkoch. Möchten Sie ihn kennenlernen?"

„Sie müssen sich mit diesem DJ bekannt machen, damit er bei Ihrer nächsten Party auflegt."

Begründen Sie das Ende des Gesprächs

Erklären Sie, warum Sie gehen und geben an, dass Sie die Unterhaltung genossen haben. Somit können Sie das Ende des Gesprächs signalisieren und die Chancen für ein späteres weiterführendes Gespräch erhöhen.

Beispiele:

„Ich mag dieses Gespräch, aber ich habe gerade gemerkt, dass es 20:30 Uhr ist und ich muss um 21 Uhr zu Hause sein. Können wir das ein andermal fortsetzen?"

„Oh nein, das Wetter hat sich gerade geändert, und wenn ich jetzt nicht gehe, werde ich vom Regen durchnässt."

Aus den obigen Beispielen können wir schließen, dass die von den Rednern vorgebrachten Argumente ihre Enttäuschung über das Beenden des Gesprächs zum Ausdruck bringen, ihren Ausstieg signalisieren und auch zeigen, wie bedauerlich es ist, dass sie gehen müssen. Diese Methode ist elegant und hilft Ihnen, eine gute Verbindung mit der anderen Person herzustellen.

Verwenden Sie das unmittelbare Umfeld

Sie können auch Ihre unmittelbare Umgebung nutzen, um das Ende des Gesprächs zu konstruieren. Wenn Sie beispielsweise an einer Stelle stehen, an der sich Getränke befinden, können Sie die andere Person dazu ermutigen, sich ebenfalls ein Getränk zu holen. Wohlwissend, dass Sie beide in der Menge verschwinden oder andere Personen treffen und ein Gespräch beginnen.

Wenn es sich zum Beispiel um eine Poolparty handelt, können Sie vorschlagen, dass Sie beide in den Poolbereich gehen. Auf diese Weise können Sie den Small Talk elegant hinter sich lassen. Vergewissern Sie sich jedoch, bevor Sie diese Methode verwenden, dass Sie alles gesagt haben, was Sie sagen müssen, und dass Sie auch bereit sind, die Unterhaltung zu beenden.

Hinterlassen Sie einen hervorragenden letzten Eindruck

Die Leute erinnern sich an den Anfang und das Ende einer Unterhaltung, haben aber normalerweise Probleme, sich an die Mitte zu erinnern. Denken Sie an einen Roman, der sehr spannend beginnt. Sie werden sich direkt nach dem Lesen an alles erinnern, aber im Laufe der Zeit werden Sie sich wahrscheinlich nur an den Anfang und das Ende und vielleicht an den Höhepunkt erinnern.

Der Autor des Romans hat darauf geachtet, dass Anfang und Ende stimmig sind, und Sie müssen dasselbe tun. Verwenden Sie nicht ihre gesamte Zeit darauf, zu überlegen, wie Sie einen ersten Eindruck hinterlassen sollen, sondern bemühen Sie sich auch, einen guten letzten Eindruck zu hinterlassen. Hier finden Sie Tipps, die Ihnen helfen, einen guten endgültigen Eindruck zu hinterlassen.

1. Nehmen Sie vor dem Verlassen physischen Kontakt mit der Person auf.

In den meisten oder allen Fällen hilft physischer Kontakt mit dem Gesprächspartner vor dem Auseinandergehen, um die Verbindung zu festigen. Ein Handschlag ist ein Zeichen für ein gutes Verhältnis und hinterlässt einen bleibenden Eindruck. Es trägt auch dazu bei, dass Sie sehr sympathisch wirken.

Geben Sie einen warmen, aber selbstbewussten Händedruck, während Sie sich trennen. Falls die Person jemand ist, mit dem Sie vertraut sind, können Sie eine unaufdringliche Umarmung geben. In einigen Kulturen der Welt sind Küsschen auf den Wangen ideal, wenn Sie mit Fremden in Kontakt kommen (achten Sie also auch auf die kulturellen Auswirkungen).

Ihr Handschlag sollte fest sein. Achten Sie darauf, dass sich Ihre Handflächen berühren können. In einem festen Händedruck steckt so viel Kraft.

2. Beenden Sie das Gespräch mit Augenkontakt und einem Lächeln

Wir haben in den vorangegangenen Kapiteln darüber gesprochen, wie wichtig es ist, Augenkontakt zu halten und zu lächeln. Diese nonverbalen Zeichen sind für das Ende des Gesprächs entscheidend.

Schauen Sie der Person immer direkt in die Augen und erwecken Sie den Eindruck, dass Sie offen, herzlich und aufrichtig sind. Wenn Sie Augenkontakt herstellen, lächeln Sie herzlich und lassen Sie dies das Bild von Ihnen sein, das die Person in seinem/ihrem Kopf behält.

Wenn Sie Augenkontakt herstellen, können Sie auch die Gesichtszüge der Person verinnerlichen, sodass Sie sich an den Small Talk erinnern und diesen aufgreifen können, wenn Sie ihn/sie an einem anderen Ort wiedersehen. Ein Lächeln ist ein enormes nonverbales Kommunikationsmittel für einen guten letzten Eindruck.

3. Verlassen Sie das Gespräch in der festen Absicht zu gehen

Vermeiden Sie es, herumzustehen und Ihr Gewicht von einem Fuß auf den anderen zu verlagern, weil Sie zögern, einfach zu gehen. Sie sollten mit einer gewissen Absicht gehen, indem Sie sich freundlich und doch entschieden verabschieden. Überlegen Sie sich, was Sie als Nächstes tun werden, dann können Sie dies erwähnen, während Sie sich verabschieden.

Wenn Sie das Gespräch mit Absicht verlassen, dann sind Sie sich dessen bewusst und tun es, um zu jemandem anderes hinzugehen, um ein Gespräch zu führen. Wenn Sie sich nicht sicher sind, ob sie gehen möchten, führt dies zu einer Menge Unbeholfenheit, die auch jeden Versuch ruiniert, einen hervorragenden letzten Eindruck zu hinterlassen.

Einige Beispiele sind:

„Es war mir ein Vergnügen, mit Ihnen zu sprechen. Jetzt muss ich zu meinem Auto. Vielen Dank."

„Wow, was für eine Erfahrung Sie gemacht haben! Ich hoffe, wir können noch einmal darüber reden. Ich muss den Bräutigam einholen. Vielen Dank."

4. Unterbrechen Sie die andere Person nicht

Wenn wir bereit sind, ein Gespräch zu beenden, werden unsere Gedanken manchmal so einseitig, dass wir der anderen Person unangemessen das Wort abschneiden. Ja, wir wissen, dass Sie es eilig haben und dass Sie gehen möchten, aber Sie möchten auch einen guten letzten Eindruck hinterlassen, der erfordert, dass Sie Respekt vor der anderen Person zeigen.

Damit Sie die andere Person nicht unterbrechen, müssen Sie die Kontrolle über das Gespräch übernehmen, indem Sie signalisieren, dass Sie bereit sind, das Gespräch zu beenden. Wenn die Person danach noch spricht, lassen Sie ihn/sie ausreden, und beenden Sie dann das Gespräch (aber unterbrechen Sie die Person nicht).

Wenn Sie die Person nicht ausreden lassen, wird ein falsches Signal bezüglich Ihrer Persönlichkeit an ihn/sie gesendet, und dies ist im Allgemeinen eine unhöfliche Vorgehensweise. Ich weiß, dass manche Leute gerne weiterreden, solange sie nicht unterbrochen werden, aber in solchen Fällen sollten Sie tolerant sein.

Wenn Sie sie jedoch unterbrechen MÜSSEN (dies kann der Fall sein, wenn Sie gehen müssen und die Person nicht aufhört zu sprechen), können Sie die folgenden Ideen verwenden:

„Ich hasse es, Ihren Gedankenstrom zu unterbrechen, aber ich muss gehen."

„Tut mir leid, dass ich unterbreche, aber wenn ich jetzt nicht mit dem Schulleiter spreche, verlässt er das Gebäude."

„Was für eine inspirierende Geschichte. Es ist so traurig, dass ich nicht bleiben kann, um alles zu hören."

5. Danken Sie der Person

Denken Sie beim Beenden des Gesprächs daran, der Person zu danken, indem Sie ihr in die Augen schauen und „Danke" sagen. Genauer gesagt, müssen Sie sich bei ihr für ihre Zeit oder für ein großartiges Gespräch bedanken.

Jetzt können Sie sich zweimal bedanken: wenn Sie im Begriff sind, das Gespräch zu beenden, und wenn Sie beabsichtigen, die Szene zu verlassen. Geben Sie der anderen Person das Gefühl, Sie hätten eine großartige Zeit gehabt, indem Sie sich bedanken.

Einige Beispiele sind:

„Danke für Ihre Zeit, es war schön, mit Ihnen zu plaudern."

„Vielen Dank für Ihre wunderbaren Essensvorschläge. Ich werde viel Spaß mit den Rezepten haben."

6. Führen Gespräche mit offenem Ende

Eine andere Möglichkeit, um am Ende einen hervorragenden bleibenden Eindruck zu hinterlassen, besteht darin, die Diskussion offen zu lassen. Wenn Sie diese Person also das nächste Mal treffen, haben Sie beide einen Anknüpfungspunkt, um an der Stelle weiterzumachen, an der Sie aufgehört haben. Die andere Person wird gespannt darauf sein, das Gespräch fortzusetzen und vielleicht sogar darüber nachdenken, wie die nächste Diskussion aussehen wird. Nicht in jeder Situation mag diese Vorgehensweise passend sein. Doch wenn Sie eine Möglichkeit dazu sehen, nutzen Sie diese.

Wir haben bisher eine ausgewogene Herangehensweise erreicht, in der es darum geht, den Small Talk mit jedem elegant zu beginnen und zu beenden. Wenn Sie sich an all diese Ideen und Konzepte halten, können Sie überall ein Gespräch führen. Im nächsten Kapitel konzentrieren wir uns darauf, wie Sie ernsthafte Verbindungen zu Menschen herstellen können.

KAPITEL 9:

Ernsthafte Verbindungen mit anderen Menschen herstellen

Die Erfahrungen, die wir mit Menschen machen, basieren auf den Verbindungen, die wir mit ihnen aufbauen. Wenn wir gute Beziehungen zu Menschen knüpfen, wird alles andere, was damit zu tun hat – auch wie wir uns mit ihnen unterhalten – angenehmer. Sie können jetzt einen Small Talk initiieren und beenden, aber die Frage ist, ob Sie eine *ernsthafte* Verbindung zu Menschen herstellen können – eine Verbindung, auf der eine dauerhafte Freundschaft aufbaut.

Kennen Sie die Art von Fragen, die zu tieferen Verbindungen führen? Was sind die Anzeichen dafür, dass Sie sich mit jemandem verbinden?

Wenn Sie das Schema in diesem Buch beobachten, neige ich dazu, Ihnen viele Fragen zu stellen, da dies einer der schnellsten Wege ist, viel über das Leben zu lernen. Fragen lehren Sie zwei Dinge:

1. Was wissen Sie?
2. Was wissen Sie nicht?

Wenn Sie eine Frage richtig beantworten können, bedeutet dies, dass Sie dieses Konzept verstanden haben und wenn nicht, wissen Sie was Sie noch lernen und nachlesen müssen. Die von mir gestellten Fragen sollen Ihnen dabei helfen genau dies herauszufinden.

Wir werden nun mit Small Talk-Perspektiven bzw. Ansätzen beginnen, die Ihnen dabei helfen, eine Verbindung zu Menschen herzustellen.

Small Talk-Perspektiven bzw. Ansätze

Small Talk ist eine der schnellsten und substantiellsten Methoden, mit denen Sie eine Verbindung zu Menschen herstellen können. Wie Sie wissen, gibt es verschiedene Möglichkeiten, wie Sie Small Talk verwenden können, damit er für Sie vorteilhaft ist. Diese müssen hier nicht noch einmal wiederholt werden.

Ziel dieses Abschnitts ist es, Ihnen einige Ansätze zu zeigen, wie Sie ernsthafte Verbindungen zu Menschen herstellen können. Wenn Sie diese Ideen und alle anderen bisher erlernten Konzepte anwenden, können Sie zu einem viel besseren Kommunikator werden, während Sie mit anderen in Kontakt treten.

Verwenden Sie, was andere sagen

Ein ausgezeichneter Ansatz für Small Talk ist es, das, was die andere Person sagt, als Anker für das Gespräch zu verwenden. Dieser Ansatz stellt die Diskussion über die andere Person in den Mittelpunkt und hilft Ihnen, eine perfekte Beziehung zu ihr/ihm herzustellen.

Versuchen Sie immer das, was Ihr Gegenüber sagt, absichtlich als Katalysator für das weitere Gespräch zu verwenden, und helfen Sie dem anderen dabei, den Überblick über das Gespräch zu behalten, indem Sie seine Worte und vorgeschlagenen Themen aufgreifen.

Finden Sie heraus, was den anderen speziell macht

Wir alle haben Eigenschaften, die uns zu etwas Besonderem machen und uns von anderen Menschen unterscheiden. Wenn jemand diese außergewöhnliche Qualität in uns erkennt, fühlen wir uns willkommen, geliebt und geschätzt.

Sie können eine ernsthafte Verbindung zu jemand anderem herstellen, indem Sie herausfinden, was ihn einzigartig macht, und ihn dafür loben. Es muss keine charakterliche Eigenschaft sein (Sie haben die Person schließlich gerade erst getroffen). Es kann einfach etwas Persönlichkeitsbasiertes oder ein sichtbares Attribut sein, das den anderen auszeichnet.

Drängen Sie andere Personen nicht dazu, Ihre Meinung anzunehmen

Eine andere Perspektive, die Sie berücksichtigen müssen, besteht darin, zu vermeiden, dass Sie anderen Menschen Ihre Meinung aufzwingen. Ja, Sie haben eine starke Meinung und möchten, dass die ganze Welt Sie hört. Trotzdem ist Small Talk keine Gelegenheit, um Menschen zu indoktrinieren. Hier können Sie Verbindungen aufbauen und etwas lernen – aber nicht lehren.

Geben Sie der Meinung des anderen immer Raum, und suchen Sie eine gemeinsame Basis mit ihm/ihr. Wir werden in einem anderen Abschnitt dieses Kapitels mehr auf Gemeinsamkeiten eingehen.

Offenbaren Sie etwas Persönliches

Ja, dies ist ein Small Talk-Ansatz, mit dem Sie ernsthafte Verbindungen zu Menschen knüpfen können. Wenn Sie etwas Persönliches teilen, senden Sie eine Nachricht an Ihren Gesprächspartner, dass Sie für eine Beziehung offen sind. Dies ist der Kern für einen großartigen Small Talk.

Aber bitte bedenken Sie, was Sie teilen (wenn Sie diesen Ansatz wählen). Teilen Sie keine übermäßig persönlichen Dinge (z.B. eine Fehlgeburt oder den Tod eines Kindes). Vermeiden Sie es, schmerzhafte Erinnerungen zu teilen. Lernen Sie Ihr Gegenüber zuerst kennen. Sie könnten Herausforderungen bei der Arbeit oder Ihren Kampf um den Kauf eines guten Grundstückes teilen. Sie dürfen die andere Person nicht abschrecken, indem Sie zu früh zu viel von sich preisgeben.

Fragen, die maßgebend für tiefergehende Beziehungen sind

Nicht alle Fragen führen zu tieferen Verbindungen, einige sind Ja- oder Nein-Fragen, andere erfordern nur prägnante, direkte Antworten. Wenn Sie sich jedoch unbedingt mit jemand anderem verbinden möchten, müssen Sie absichtlich Fragen stellen, die zu tieferen Verbindungen führen.

Im Folgenden finden Sie einige dieser Fragen, die über die Oberfläche hinausgehen und Ihnen helfen, die Person auf einer gut verbundenen Ebene zu erreichen.

1. „Warum leben Sie in dieser Gegend?"
2. „Was ist Ihre Vision für diesen gemeinnützigen Verein?"
3. „Wie fühlen Sie sich in Ihrer aktuellen Lebenssituation?"
4. „Welche neue Fähigkeit würden Sie gerne noch lernen?"
5. „Welche historische Person bewundern Sie?"
6. „Wofür würden Sie bekannt sein, wenn Sie eine Berühmtheit wären?"

Möglichkeiten, Small Talks bedeutsamer zu gestalten

Während einige Gespräche bedeutsam sind, tauschen Sie bei anderen lediglich Höflichkeiten aus. Sie sollten sich bemühen, Gespräche bedeutsam zu gestalten, und das Stigma, das Small Talk von Natur aus hat, zur Seite schieben: Small Talk ist einfach Zeitverschwendung?! Nein, das ist es nicht – wenn Sie ein überzeugendes Gespräch führen. Dies ist jedoch nicht immer das Beste. Zum Beispiel haben Sie möglicherweise nicht die Absicht, in Zukunft ein Gespräch mit einem Fremden wieder aufzunehmen (aus Gründen, die Ihnen am besten bekannt sind). In diesem Fall möchten Sie sich an einen gewöhnlichen und unverbindlichen Gesprächsstil halten.

Aber wenn Sie eine Beziehung mit der Person anstreben und mit dem Gespräch fortfahren möchten, müssen Sie mehr tun. Mit mehr ist gemeint, dass wir uns an den Hinweisen der folgenden Beispiele orientieren, weil sie hilfreich sein können.

Feiern Sie Erfolge

Wenn Sie Small Talk mit anderen bedeutsamer machen möchten, müssen Sie die Fortschritte feiern, die andere mit Ihnen teilen. Mit Erfolg beziehe ich mich auf die kleinen Informationen, die sie mit Ihnen teilen und die ein Hinweis auf ihren Fortschritt sind.

Sie können kurze Ausrufe einfügen, die Ihre Begeisterung zeigen. Einige Beispiele sind: „Wow", „Erstaunlich" oder „Das ist so gut". Wenn jemand Ihnen erzählt, dass er im Urlaub in der Vatikanstadt war und den Papst getroffen hat, lassen Sie es nicht dahingleiten. Antworten Sie auf die Informationen, indem Sie durch solche Ausrufe seinen/ihren Erfolg feiern.

Engagement im Fokus

Sie können sich auch bedeutsamer unterhalten, indem Sie sich auf die Beziehungen zwischen Ihnen beiden konzentrieren. Welche Diskussionspunkte scheinen Ihnen beiden am meisten zu gefallen? Konzentrieren Sie sich auf diese Punkte und vertiefen Sie diese.

Sie werden feststellen, dass Ihr Small Talk noch bedeutsamer wird, wenn Sie wissen, worauf Sie beide hinauswollen.

Den ersten Schritt machen

Damit Sie ein eingehenderes Gespräch führen können, müssen Sie sich dafür entscheiden, etwas Persönliches mit anderen zu teilen. Wenn Sie dies tun, erkennt die andere Person Ihren Hinweis und tut dasselbe. Manchmal wartet eine Person, um zu sehen ob die andere Person den ersten Schritt unternimmt.

Wenn Sie etwas Tiefergehendes teilen, erhalten Sie eine bedeutsamere Konversation mit einer tief verwurzelten Verbindung, sodass das anschließende Gespräch auf natürliche Weise verlaufen wird. Die Menschen reagieren häufig freundlich auf solche Gesten, also machen Sie den Schritt hin zu einem sich lohnenden und verbindenden Erlebnis.

Füllen Sie nicht immer Schweigepausen

Sie müssen nicht die ganze Zeit über reden, um Schweigepausen zu vermeiden. Wenn Sie dies tun, wird die andere Person faul und überlässt es Ihnen, die Führung zu übernehmen, wodurch das Gespräch letztendlich einseitig wird.

Geben Sie der Person auch Raum, die Führung zu übernehmen, und geben Sie sich manchmal damit zufrieden, zu folgen. Auch wenn Sie jedes Mal, wenn Stille einsetzt, wissen, was Sie zu sagen haben, widersetzen Sie sich dem Drang und lassen Sie das Gespräch auf natürliche Weise fließen.

Fördern Sie ausführliche Beschreibungen (wenn Sie Zeit haben)

Wenn Sie Zeit für einen Small Talk haben, können Sie der anderen Person detaillierte Beschreibungen erlauben, die auch zu einem faszinierenden Gespräch beitragen können. Fördern Sie die Person, wenn diese Begeisterung für ein Thema zeigt, indem Sie Sätze wie „Weiter", „Das muss interessant sein" und „Wow, das wusste ich nicht." verwenden.

Denken Sie daran, dass der Vorbehalt bei diesem Schritt darin besteht, dass er nur angewandt werden sollte, wenn Sie sicher sind, dass Sie Zeit dafür haben. Es wäre nicht sinnvoll, wenn Sie die Person ermutigen und ihm/ihr dann auf dem halben Weg das Wort abschneiden, indem Sie sagen, dass Sie gehen müssen.

Zeichen, dass Sie sich mit jemandem verbinden

Wie können Sie feststellen, dass die oben genannten Ideen funktionieren? Woher wissen Sie, dass Sie sich im Verlauf des Gesprächs mit jemandem verbunden haben?

In diesem letzten Abschnitt werden Sie die Zeichen entdecken, die angeben, wie gut Sie sich mit einer anderen Person verbunden haben.

Bitte beachten Sie, dass es für einige der folgenden Ideen Ausnahmen gibt, die ich (falls vorhanden) aufzeigen werde.

1. Bemerken eines kleinen Lächelns

Ein guter Weg, um zu wissen, dass Sie mit jemandem in Verbindung stehen ist, wenn er/sie Ihnen ein kleines Lächeln schenkt, während Sie sprechen. Dieses Lächeln ist ein Zeichen dafür, dass der andere wirklich Gefallen an Ihrer Gesellschaft hat und sich gerne mit Ihnen unterhält. Erwidern Sie den Gefallen, indem Sie auch lächeln, während der andere spricht.

2. Haben Sie beide Gemeinsamkeiten?

Selbst wenn Sie beide kleine Meinungsverschiedenheiten haben, sollten Sie irgendwann während des Small Talks gemeinsame Momente haben, da dies ein Zeichen für eine gute Verbindung ist. In den meisten Fällen trägt das soziale Umfeld immens zur Schaffung einer gemeinsamen Basis bei, da Sie beide auf die Umgebung zurückgreifen können, um über Themen zu sprechen.

Gefällt Ihnen beiden zum Beispiel die Party? Sind Sie beide Kollegen im Büro? Wenn die Leute in der Nähe des Veranstaltungsortes aus dem gleichen Grund wie Sie da sind, besteht eine höhere Wahrscheinlichkeit, dass Sie beide eine gemeinsame Basis finden.

Wenn Sie Schwierigkeiten haben, eine gemeinsame Basis mit der anderen Person zu finden, kann dies bedeuten, dass zwischen Ihnen beiden einfach keine Verbindung besteht. Aber nicht alle

Hoffnung ist verloren. Sie können sich annähern, indem Sie das, was der andere sagt, annehmen und es unterstützen, um eine gemeinsame Basis zu schaffen.

3. Hält die Person Augenkontakt?

Augenkontakt ist beim Small Talk von Bedeutung, da er ein sichtbares Zeichen für eine Verbindung ist. Natürlich kennen Sie inzwischen den Unterschied zwischen Blickkontakt und Starren. Wir möchten also nicht, dass die Person uns anstarrt, aber wir möchten auch, dass sie nicht wegschaut.

Wenn die Person absichtlich Augenkontakt vermeidet, hat er/sie keine Verbindung zu Ihnen hergestellt. Sie können der Person helfen, sich zu spiegeln, indem Sie auch Augenkontakt mit ihr aufnehmen. Wenn sie sich jedoch nicht revanchiert, bedeutet dies, dass sie nicht weitersprechen möchte.

4. Vertieft der andere sich immer mehr in die Unterhaltung?

Versuchen Sie zu Beginn des Gesprächs herauszufinden, ob die Person versucht, mehr über Sie oder ihr Thema zu erfahren. Nach dem ersten Hallo sollten Sie die Antworten der Person auf Ihre Fragen und was sie Ihnen gesagt hat nachverfolgen.

Wenn Sie allein das Gespräch führen und sie keine weiteren Fragen stellt, bedeutet dies, dass sie nicht an dem Gespräch interessiert ist. Sie können jedoch sicher sein, dass eine Verbindung hergestellt wird, wenn sie nach den ersten drei Minuten gut auf Sie reagiert.

5. Teilt der andere bereitwillig Informationen mit Ihnen?

Wenn eine Person bereitwillig Informationen mit Ihnen teilt, ohne dass Sie gefragt haben, ist dies ein Zeichen dafür, dass sie mit Ihnen verbunden ist. Dies ist auch ein Zeichen von Wohlfühlen.

Auf der anderen Seite verbergen manche Personen Informationen, selbst wenn Sie fragen. Dies könnte ein Zeichen dafür sein, dass sie sich mit Ihnen nicht wohl fühlt – oder einfach dafür, dass sie sich mit Small Talk nicht so gut auskennt. Wenn Sie diesen Rückzug spüren, können Sie den anderen erreichen, indem Sie selbst Informationen teilen und beobachten, wie der andere darauf reagiert.

6. Spiegelt der andere Sie?

Das Spiegeln ist von entscheidender Bedeutung. Achten Sie beim Sprechen auf die Körperbewegungen der anderen Person. Erinnern Sie sich, als wir in einem vorherigen Kapitel über das Spiegeln gesprochen haben? Laut Kommunikationsstudien neigen Menschen dazu, sich gegenseitig zu reflektieren, wenn sie interessiert sind oder wenn sie eine Verbindung zu jemand anderem hergestellt haben.

Manchmal fühlen wir uns mit der Person so wohl, dass das Spiegeln zu einer unbewussten Handlung wird. Spiegeln hilft uns dabei, der anderen Person zu zeigen, dass wir es mögen, in ihrer Nähe zu sein. Wenn Sie jedoch Gesten machen und die andere Person nicht, könnte dies ein Zeichen dafür sein, dass sie das Gespräch beenden möchte.

7. Folgt der andere den Details, die Sie teilen?

Ein weiteres Zeichen, auf das Sie achten sollten ist, ob Ihr Gegenüber den von Ihnen geteilten Details folgt. Wenn Sie sich mit einer Person unterhalten und diese häufig vergisst, was Sie sagen, ist dies ein Zeichen dafür, dass Sie nicht mit ihm/ihr verbunden sind.

Aber wenn die Person von Ihren Erzählungen, Geschichten und Meinungen begeistert ist, haben Sie einen großartigen Small Talk-Freund. Um dieses Zeichen zu überprüfen, können Sie wiederholt etwas sagen und den anderen danach fragen. Wenn der andere es nicht versteht, hat derjenige nicht zugehört, und das bedeutet auch, dass Sie keine Verbindung zu ihm/ihr hergestellt haben.

8. Sucht der andere Körperkontakt?

Wenn Menschen eine Verbindung zu Ihnen hergestellt haben, fühlen sich manche so wohl, dass sie Körperkontakt haben wollen. Einige Menschen werden niemals Körperkontakt zu Ihnen aufnehmen – unabhängig davon, was Sie tun – weil sie nur minimale Interaktion mit Ihnen suchen.

Solche Personen geben Ihnen also keinen Händedruck, umarmen Sie nicht und berühren Sie nicht einmal leicht. Wenn Sie Ihre Hand ausstrecken, wird sie möglicherweise weniger fest als erwartet gehalten. Aber auf der positiven Seite, wenn die Person eine Verbindung mit Ihnen hergestellt hat, wird sie professionellen Körperkontakt nicht scheuen.

Bitte beachten Sie, dass es auch vorkommen kann, dass eine Person Sie sympathisch findet, jedoch Probleme mit der Kontaktaufnahme mit Fremden hat. Nehmen Sie es also bitte nicht persönlich, wenn eine Person Ihre Körperkontaktgesten nicht erwidert.

9. Was ist mit der „Fußregel"?

Es gibt eine alte Regel, die besagt, dass eine Person, die sich für Sie interessiert, beim Sprechen mit den Füßen auf Sie zeigt. Ja, es ist ein altes Sprichwort, aber es enthält immer noch viel Wahrheit. Nehmen Sie sich während des Gesprächs einen Sekundenbruchteil Zeit, um nach unten zu schauen, ob die Füße der Person in Ihre Richtung zeigen. Wenn es so ist, dann ist es ein gutes Zeichen; dies bedeutet, dass die Person Sie erfolgreich spiegelt und bereit ist, sich in die Richtung zu bewegen, in die Sie das Gespräch führen.

Wenn die Füße Ihres Gegenübers jedoch in eine andere Richtung zeigen, bedeutet dies, dass er nicht mehr interessiert ist und das Gespräch beenden möchte. Bitte beachten Sie, dass dies eine alte Regel und nicht in Stein gemeißelt ist (Menschen können ihre Körperteile schließlich nach eigenem Ermessen bewegen), was bedeutet, dass dies möglicherweise nicht für jede Situation gilt.

10. Lässt der andere seinen Schutzschild für Sie fallen?

Ein gutes Zeichen, dass Sie eine Verbindung mit jemandem hergestellt haben ist, wenn dieser seinen Schutzschild fallen lässt. Bei manchen Menschen kann man fühlen, wie die Wände um sie herum noch intakt sind, dadurch dass sie die Arme vor der Brust verschränken, die Schultern versteifen oder die Beine kreuzen.

Aber sobald Sie eine völlig entspannte Person um sich haben, wissen Sie, dass diese ihr Schutzschild entfernt hat und sich frei mit Ihnen fühlt, was als ein Zeichen großer gemeinsamer Verbindung verstanden werden kann.

Sich mit Menschen zu verbinden, ist eine bereichernde Erfahrung. So finden wir letztendlich alle unsere lebenslangen Freunde. Jetzt wissen Sie also, wie Sie solche authentischen Verbindungen aufbauen können, welche es Ihnen auch ermöglichen, erfolgreich mit jedem anderen, egal wo, einen Small Talk zu halten.

Sie haben nun das Fundament. Sie haben alle Fähigkeiten, die Sie benötigen. Jetzt müssen wir diese Fähigkeiten nur noch perfektionieren.

KAPITEL 10:

Die Kunst des Small Talks beherrschen

Wir haben die meisten grundlegenden und ausführlichen Ideen zur Kunst des Small Talks kennengelernt, die immens dazu beigetragen haben, dass Sie wissen, wie Sie das Gespräch beginnen und wie Sie es langfristig optimal nutzen können. Ich habe Sie immer ermutigt, Ihre Fähigkeiten unter Beweis zu stellen und Small Talk jederzeit zu üben. Auch wenn Sie sich wie ein Profi fühlen, müssen Sie immer noch mehr tun, um ein Meister in etwas zu werden.

Wir werden mit einer Erinnerung beginnen, warum wir Small Talk überhaupt machen. Warum sollte dieser Ihre Zeit wert sein? Und natürlich besprechen wir, was Sie tun können, um es zum Meister zu schaffen. Einige der Ideen, die Sie im Folgenden entdecken werden, kommen Ihnen vielleicht bekannt vor, aber wir werden diese Konzepte unter dem Gesichtspunkt betrachten, meisterlich darin zu werden.

Die Kunst des Small Talks, und warum dieser Ihre Zeit wert ist

Damit Sie etwas meisterlich beherrschen können, müssen Sie wissen, was es wert ist! Wenn Sie den Grund, warum Small Talk so bedeutend ist, vollständig verstanden haben, werden Sie sich bewusst darum bemühen, dass Sie ein Meister darin werden.

Denken Sie an all die nicht vertrauten Beziehungen, die zu vertrauten wurden. Was war der Wendepunkt für solche Verbindungen? Wie haben sich solche Personen von Fremden zu Freunden entwickelt? Die Antwort ist ganz einfach: Durch Small Talk!

1. Small Talk ist spontan

Einer der Vorteile von Small Talk und der Grund, warum es sich lohnt, dies zu lernen, ist die Tatsache, dass dieser ungeplant stattfindet. Bei Reden und anderen Kommunikationsmodellen müssen Sie einige Vorbereitungen durchführen, da von Ihnen erwartet wird, dass Sie einen bestimmten Standard erfüllen.

Bei einem Small Talk müssen Sie jedoch so gut sein wie beim letzten und konsequent darauf aufbauen. Die Spontanität des Small Talk beseitigt auch den Druck, den Sie möglicherweise bei anderen Kommunikationsarten spüren.

2. Small Talk kann Sie zu neuen Ideen inspirieren

Ja, mit Small Talk werden Sie immer wieder von neuen Ideen inspiriert, weil Sie mit neuen Menschen interagieren, die unterschiedliche Meinungen über das Leben und die Arbeit haben.

Wenn Sie genau auf den Inhalt der Gespräche achten, werden Sie zustimmen, dass es immer etwas Neues zu lernen gibt. Ihre Sicht auf bestimmte Themen ändert sich auch häufig.

3. Es hilft Ihnen, Ihren wahren Wert zu erkennen

Wenn Sie sich mit Small Talk beschäftigen, werden Sie sich durch die Augen einer anderen Person sehen. Wenn die Person Sie lobt und den Wert in dem, was Sie sagen, hervorhebt, werden Sie beginnen, Ihren wahren Wert zu erkennen.

Die meisten Menschen bagatellisieren ihre Meinungen und ihre Sicht auf die Welt, weil sie diese fälschlicherweise für unbedeutend halten. Wenn Sie sich jedoch ein paar Minuten mit jemandem unterhalten und dieser sagt: „Wow, Sie haben eine erstaunliche Perspektive", dann werden Sie lernen, diesen Kommentar zu bewerten, der sich auf Ihr Selbstbild auswirkt.

4. Sie werden ein Menschenliebhaber

Small Talk befähigt Sie auch, ein besserer Bewunderer von anderen zu werden. Einige Menschen können nicht gut mit anderen in Kontakt treten, weil sie sich nicht auf ein Gespräch einlassen, von dem sie glauben, dass es fruchtlos ist, und sind so isoliert.

Wenn Sie anfangen, Ihre Gedanken mit anderen zu teilen, wenn Sie anfangen, sich mit Menschen zu verbinden, werden Sie sich in die Vielfalt und Einzigartigkeit der menschlichen Natur verlieben. Diese Idee beeinflusst auch Ihre Fähigkeit, ein besserer Bewunderer von anderen Menschen zu sein, deren Fehler anzuerkennen und ihre Meinungen zu respektieren.

5. Es hilft Ihnen, bleibende Eindrücke zu schaffen

Wir haben ein ganzes Kapitel dem Lernen und darüber wie man bleibende Eindrücke schafft, gewidmet, weil dies einfach essentiell ist. Diese bleibenden Eindrücke werden zum Sprungbrett, woraus Folgegespräche entstehen und sich Beziehungen formen.

6. Sie können gut mit Menschen

Eines der Kennzeichen von Führung ist die Fähigkeit einer Person, gut mit Menschen umgehen zu können. So können Sie jederzeit Verbindung zu Menschen schaffen, was Ihnen hilft, erfolgreich mit einem höheren Ziel zu führen.

Stellen Sie sich vor, Sie sind ein Manager, der gelegentlich Small Talk mit Mitarbeitern im Büro führt. Sie werden zustimmen, dass Sie durch diese kleinen Unterhaltungen mehr über die Menschen erfahren, die für Sie arbeiten, und wissen, wie Sie ihre Fähigkeiten für das Wohl der Firma und noch besser für deren Wohl einsetzen können.

7. Sie haben keine Probleme damit, ein tragfähiges Gespräch zu führen

Schwierigkeiten beim Führen einer fruchtbaren Diskussion mit neuen Menschen ist gerade in diesem digitalen Zeitalter real. Aber eine Person, die erfahren im Small Talk ist, wird sich nicht mit Konversationsmodellen herumschlagen. Solche Leute werden nicht nur großartig beim Einstieg in einen Small Talk sein, sondern sie werden auch wissen, wie man andere Personen mitreißt.

Small Talk hilft Ihnen dabei, eine Konversation von Anfang bis Ende aufzubauen, ohne unangenehme Gesprächspausen und andere Verhaltensweisen, die den Ablauf einer anständigen Konversation beeinträchtigen.

8. Ein großartiger Karriere-Booster

In der Unternehmenswelt und an anderen Arbeitsorten sind es diejenigen, die im Small Talk großartig sind, die die Karriereleiter schnell nach oben steigen können, weil sie sich gut mit Menschen verbinden können.

Diese Personen werden die Aufmerksamkeit des Top-Managements auf sich ziehen, da jedes Unternehmen sowohl Ihre Hard- als auch Ihre Soft Skills berücksichtigt. Was Sie für das Unternehmen tun, sind Ihre Hard Skills. Ihre Fähigkeit, effektiv mit Ihren Kollegen und denen, die Sie leiten, zu kommunizieren, sind Ihre Soft Skills. Eine Kombination beider Fähigkeiten wird als bedeutender Karriereschub dienen!

Best-Practice-Beispiele zur Verbesserung Ihrer Konversationsfähigkeiten

Wenn Sie jemals mit Ihren Konversationsfähigkeiten zu kämpfen hatten, sollten Sie anfangen, sich umso mehr dem Thema Small Talk hinzugeben. Wenn Sie Small Talk anwenden, werden Sie eine deutliche Verbesserung Ihrer Kommunikationsfähigkeiten und Ihrer Fähigkeit bemerken, Fremde anzusprechen.

Small Talk verändert die Art und Weise, wie Sie Kommunikation sehen, grundlegend. Sie werden es nicht mehr als stressigen Prozess ansehen, sondern als Brücke, die Sie mit anderen verbindet. Aus diesem Grund sollten Sie die Kunst des Small Talks meisterlich beherrschen wollen.

Wir haben den Grundstein für einen meisterhaften Umgang mit Small Talk für Sie gelegt. Jetzt fahren wir fort und lernen alles über bewährte Beispiele, die Ihre Konversationsfähigkeiten verbessern werden.

Die Beispiele, die Sie im Folgenden entdecken werden, sind keine Ideen, die Sie nur einmal umsetzen und dann wieder vergessen sollten. Diese Ideen sollten wiederholt verwendet werden, bis sie ein Teil von Ihnen geworden sind. Sie können zu diesem Kapitel jedes Mal zurückkehren, wenn Sie das Gefühl haben, Ihre Small Talk-Fähigkeiten verbessern zu müssen.

Stellen Sie sich die folgenden Ideen als Gewohnheiten vor, die nur ein Teil von Ihnen werden können, wenn Sie diese bewusst tun. Niemand wurde mit einer hervorragenden Small Talk-Fähigkeit geboren. Wir alle müssen lernen und darauf vertrauen, dass wir umso besser werden, je mehr wir uns anstrengen.

1. Stellen Sie sich Ihren Ängsten

Introvertierte Menschen sind nicht die einzigen, die Schwierigkeiten haben, einen Small Talk zu führen, da dies für jeden einschüchternd sein kann. Da es jedoch wichtig ist, müssen wir alle lernen, wie es funktioniert. Der erste Schritt dazu besteht darin, uns unseren Ängsten zu stellen.

Sie müssen den Hauptgrund herausfinden, warum Sie Small Talk nicht mögen, und dann planen, diese Angst zu überwinden. Es kann sein, dass Sie sich in der Nähe von Fremden nicht wohl fühlen. Was können Sie tun, wenn dies der Fall ist? Verbringen Sie mehr Zeit mit den Personen, die Sie nicht kennen!

Wenn Sie sich Ihren Ängsten stellen, können diese Sie nicht länger einschränken!

2. Nutzen Sie einen Freund

Um die Kunst des Small Talk zu beherrschen, muss man viel üben, und um sich wohler zu fühlen, sollten Sie eng mit einem Freund zusammenarbeiten. Wenn Sie Ihren Freund besuchen, führen Sie Small Talks über eine Vielzahl von Themen, die sich auf Wetter, Essen, Urlaub usw. beziehen können.

Tun Sie dies, wann immer Sie die Gelegenheit dazu haben, und Sie werden feststellen, dass Sie mit der Zeit immer besser werden. Wenn Sie mit einem Freund sprechen, können Sie mit den verschwitzten Handflächen und dem Gefühl des zugeschnürten Magens umgehen, das durch die Angst vor einem Small Talk verursacht wird.

3. Stellen Sie Fragen

Stellen Sie Fragen, wann immer Sie einen Small Talk halten. Wenn Sie an einen neuen Ort gelangen, an dem Ihnen alles fremd ist, lernen Sie die richtigen Fragen zu stellen, die Ihnen dabei helfen, Sicherheit zu gewinnen.

Unabhängig davon, wo Sie sich befinden (in einer größeren oder kleineren Gruppe oder in einem Einzelgespräch) – wenn Sie die richtigen Fragen stellen, werden Sie Ihre Fähigkeiten verbessern. Mithilfe von Fragen können Sie die Konversation in eine Richtung lenken, in der eine Beziehung gedeihen kann.

4. Einstellen der richtigen Denkweise

Ihre Denkweise spielt eine entscheidende Rolle für den Erfolg oder Misserfolg beim Small Talk. Wenn Sie immer der Meinung sind, dass Sie nicht erfolgreich einen Small Talk halten können (möglicherweise aufgrund von Fehlern in der Vergangenheit), werden Sie immer damit kämpfen, egal wie gut Sie trainieren.

Stellen Sie Ihre Denkweise richtig, indem Sie sich sagen, dass Sie es tun können! Lassen Sie nicht zu, dass die Fehler der Vergangenheit Ihrem Engagement im Wege stehen. Bevor Sie zu einer Veranstaltung gehen, stellen Sie sich darauf ein, dass Sie Small Talks halten werden und sagen Sie sich, dass diese erfolgreich sein werden, unabhängig davon, mit wem Sie sprechen werden.

5. Machen Sie ein Spiel daraus

Manchmal muss man spielen, um ein Konzept meisterhaft zu beherrschen, damit man den Prozess ebenfalls genießen kann. Tricksen Sie sich selbst aus und sehen Sie einen Small Talk als

Spaß. Geben Sie sich mindestens eine Stunde Zeit, um jemanden kennenzulernen und etwas über ihn zu lernen.

Ihr Verstand wird eine Veränderung erfahren, und je mehr Sie sich auf diese Art von Spiel einlassen, desto natürlicher wird Ihnen ein Small Talk vorkommen. Geben Sie sich jedes Mal Punkte, wenn Sie es richtig machen, und bauen Sie auf Ihrem vorherigen Erfolg auf, um besser zu werden.

6. Seien Sie sie selbst!

Versuchen Sie nicht, jemand anderes zu sein, nur weil Sie denken, dass derjenige im Small Talk im Büro hervorragend oder besser als Sie ist. Sie haben nicht das ganze Buch gelesen, um jetzt jemand anderen nachzuahmen, oder?

Sie haben dieses Buch gelesen, um sich selbst zu verbessern, und Sie haben diese Steigerung bereits erlangt. Was kommt als Nächstes? Sie müssen authentisch sein. Verstellen Sie sich nicht, weil Sie der anderen Person gegenüber „sichtbar" gefallen möchten. Alles was Sie tun müssen ist, Sie selbst zu sein. Seien Sie originell und exzellent!

7. Setzen Sie Ihre Erwartungen herab

Sie haben dieses Buch gelesen, das Sie auf die Zukunft mit Small Talks vorbereitet hat, aber andere Menschen haben vielleicht keinen Zugang zu solchen Publikationen. Deswegen beschäftigen sie sich immer noch mit spezifischen Herausforderungen im Gespräch. Bitte minimieren Sie Ihre Erwartungen an andere und folgen Sie dem Gesprächsverlauf.

Lachen Sie nicht über ihre Fehler und unterbrechen Sie das Gespräch nicht, weil Sie den anderen nicht „interessant" finden. Halten Sie die Erwartungen auf ein Minimum reduziert und Sie werden in der Lage sein, Small Talks meisterhaft zu beherrschen.

8. Bleiben Sie nicht an der Seitenlinie

An der Seitenlinie zu stehen bedeutet, an jemanden zu kleben und sich hinter ihn zu stellen (zu verstecken), während dieser einen Small Talk hält. Sie sind zu gut, um an der Seitenlinie zu stehen, und Sie wurden darauf vorbereitet, es besser zu machen.

Seien Sie kein Helfershelfer. Seien Sie kein Mauerblümchen. Stehen Sie nicht im Schatten einer anderen Person, denn wenn Sie dies tun, werden Sie niemals den Meistertitel erlangen. Sie haben Ihren Freund vielleicht zu einer Veranstaltung begleitet, aber nachdem Sie ein paar Minuten zusammen dort waren, können Sie sich am Veranstaltungsort zurechtfinden und mit neuen Leuten in Kontakt treten.

9. Übernehmen Sie die Verantwortung für den Prozess

Sie müssen die Verantwortung für den Konversationsprozess übernehmen, wann immer Sie mit einer anderen Person sprechen, damit Sie lernen, die Verantwortung für einen Small Talk zu übernehmen. Geben Sie nicht der anderen Person die Schuld, wenn das Gespräch langweilig wird; führen Sie es nicht auf etwas zurück, was die Person gesagt oder getan hat.

Wenn Sie Small Talk meisterhaft beherrschen wollen, müssen Sie bereit sein, Verantwortung zu übernehmen. Wenn Sie Verantwortung übernehmen, wird es Sie antreiben, Ihr Bestes zu geben und alle bisher in diesem Buch enthaltenen Ideen für sich zu nutzen.

10. Hören Sie nicht auf zu üben

Hören Sie vor allem nicht auf, es zu versuchen und zu üben! Ich nutze auch heute noch die Power des Small Talks, weil ich immer für verschiedene Szenarien übe. Wenn Sie gut genug trainieren, werden Sie selbstbewusster, und dies gibt Ihnen die Möglichkeit, den Ton in Ihren Gesprächen anzugeben.

Konsequente Übung ist der Schlüssel zur meisterhaften Beherrschung der Kunst des Small Talks. Mit den in diesem Kapitel geteilten Ideen können Sie sich darauf verlassen, dass Sie auf dem Weg sind, ein Experte darin zu werden.

Wir sind endlich am Ende einer fantastischen Reise angelangt und ich glaube, Sie haben es verdient, auf den Rücken geklopft zu werden. Wir werden diese Reise mit einem abschließenden Abschnitt abrunden, der Sie zu weiterem Handeln anregen wird.

FINALE WORTE

Jetzt wissen Sie, was Sie nach einem Hallo als Nächstes sagen sollten!

Dieses Buch versucht Ihnen beizubringen, wie Sie durch Small Talk bessere Beziehungen aufbauen können. Wir begannen, indem wir einige der Hauptgründe analysierten, warum Menschen Schwierigkeiten haben, mit Fremden ins Gespräch zu kommen. Ängstliche, besorgte und schüchterne Personen waren einige Herausforderungen, die wir besprochen haben, bevor wir zu Lösungen übergegangen sind.

In diesem Buch haben Sie gelernt, wie Small Talk definiert wird und wie Sie Schüchternheit als Individuum überwinden können. Sie haben den Wert sozialer Kompetenzen entdeckt und gleichzeitig einen Einblick in das Konzept der nonverbalen Kommunikation erhalten.

Zu wissen, was nach einem Hallo kommt, ist entscheidend für den Erfolg von einem Small Talk. Während der Kommunikation werden Sie nicht mehr das Gefühl haben, festzustecken, da Sie wissen, wie man Gespräche aufrechterhält.

Die Planung eines eleganten Ausstiegs ist ebenfalls von entscheidender Bedeutung, denn so sehr Sie möchten, dass das Gespräch endet, möchten Sie auch in guter Erinnerung bleiben. Insgesamt haben Sie einen umfassenden Einblick in die Kunst des Small Talks erhalten und wie Sie diesen meisterlich beherrschen können.

Ich habe Ihnen von Anfang an versprochen, dass Sie den Prozess genießen und sich für Small Talk begeistern werden. Ich hoffe, dass dies jetzt zutrifft, aber was Sie aus diesem Text entnehmen, liegt letztendlich an Ihnen.

Wenn Sie nun das Lesen genossen haben, werden Sie sicherlich gerne Small Talks führen, die Ihnen letztendlich dabei helfen, jeden Tag darin ein bisschen besser zu werden. Ich sage es noch einmal: Perfektion ist der Feind des Guten. Erwarten Sie dies nicht gleich nach dem Lesen dieses Buches. Forschen Sie danach. Streben Sie danach. Dann lernen Sie, loszulassen.

Sie werden Fortschritte sehen, wenn Sie üben. Denken Sie daran, dass dies keine Zauberei ist. Dies ist ein Prozess. Sie müssen sich damit befassen, wie es sich mit Ihnen befasst. Mit der Zeit werden Sie sich verbessern.

Druck wird den Weg für Enttäuschungen pflastern. Das ist nicht im Sinne dieses Buches. Ich möchte, dass Sie sich wohl und entspannt fühlen und wissen, dass es konsequenter Übung bedarf, um ein Meister im Small Talk zu werden.

Wenn es jedoch eine Sache gäbe, die in diesem Buch am wichtigsten ist, was glauben Sie, wäre dies?

Es ist das Folgende: Sie können mit jeder Person und an jedem Ort ein Gespräch führen (Small Talk). Ich möchte, dass diese Idee für Sie greifbar wird; diese sollte die ganze Zeit in Ihrem Kopf sein, nur dann sind Sie vorbereitet. Denken Sie an diese Nachricht, wenn Sie auf einer Party sind und sich fragen, ob Sie ein Gespräch mit jemandem beginnen können, der neben Ihnen steht.

Sie können einen Small Talk mit einem Menschen beginnen, den Sie gerade kennengelernt haben, und Sie können dies tun, ohne Angst vor dem Unbekannten zu haben. Sie sind bereit, neue Freundschaften mit Menschen aufzubauen, die Ihrer Welt Farbe verleihen.

Small Talk ist ein wesentlicher Bestandteil Ihres Alltags. Es ist einfach, es als etwas Sinnloses zu bezeichnen, etwas, das Sie nirgendwohin bringt. In Wahrheit trägt es jedoch zu Ihrem Wohlbefinden und Glück bei. Sie werden es wahrscheinlich verpassen, Ihren Seelenverwandten zu treffen, wenn Sie Angst vor einem Small Talk haben.

Denken Sie auch daran, dass die in diesem Buch behandelten Prinzipien nicht nur für direkte persönliche Face-to-Face-Interaktionen gelten. Wir leben im digitalen Zeitalter, und daher wird ein Großteil Ihrer Kommunikation online stattfinden. Sie können heutzutage fast überall Kontakte knüpfen: Facebook, Instagram, YouTube, E-Mail, Snapchat, Kik, WhatsApp, Textnachrichten usw. Über solche sozialen Plattformen können Sie Vertrauen aufbauen und die Kunst des Gesprächs mit anderen meistern.

Zum Abschluss dieser Reise möchte ich noch einmal herausstellen, wie wichtig Selbstvertrauen ist. Sie müssen Selbstvertrauen aufbauen, um die Auswirkungen negativer Gedanken abzuwehren. Um es in die richtige Perspektive zu rücken: Wenn Sie positiv denken, freuen Sie sich darauf, jemanden zu treffen und etwas über ihn und von ihm zu lernen.

Diese Positivität verwandelt sich in Selbstvertrauen, weil Sie sich in einem großen, mentalen Raum für Interaktion befinden. Machen Sie sich keine Sorgen, dass Sie langweilig wirken. Sie sind eine wertvolle Person, die einen einzigartigen Standpunkt und eine besondere Art dies mitzuteilen hat. Die Menschen, mit denen Sie sprechen, können genauso schüchtern sein wie Sie – warum also nicht das Beste aus der Situation herausholen?

Wenn Sie nervös oder ängstlich sind, bevor Sie andere Menschen treffen, freuen Sie sich auf die Begegnung und visualisieren Sie ein erfolgreiches Gespräch. Freude wird Ihre Unruhe in etwas Positives verwandeln und gleichzeitig den Weg weisen, indem Sie interagieren, sich engagieren und etwas Neues lernen.

Die Tatsache, dass dieses Buch hier endet, bedeutet nicht, dass ich Ihnen keine zusätzlichen Tipps für den Erfolg geben kann. Ich möchte, dass Sie in die Welt hinausgehen, sich gestärkt fühlen und bereit sind, leidenschaftlich zu sprechen.

Hier ist eine weitere Idee für Sie: versuchen Sie, Stoizismus zu üben, um die Dinge von einem rationaleren Standpunkt aus zu betrachten. Wir alle ziehen Hosen auf die gleiche Weise an, ein Bein nach dem anderen, also versuchen Sie nicht, Dinge zu beschleunigen. Konzentrieren Sie sich auf den gegenwärtigen Moment, in dem Sie sich unterhalten, und vermeiden Sie es, in Verlegenheit und Was-wäre-wenn-Gedanken, die irrationale Ängste hervorrufen, zu schwelgen.

Sie werden mit Ihrem Training mehr erreichen, wenn Sie in einer vertrauten Umgebung üben. Beginnen Sie nicht damit, in dem Sie an gesellschaftlichen Veranstaltungen teilnehmen, an denen Sie nicht interessiert sind, und halten Sie sich an Umgebungen, in denen Sie sich leicht entfalten können. Das Ziel ist, dass Sie Spaß haben und den Prozess genießen. Fragen Sie sich also: Welche Interessen habe ich? Woran glaube ich? Diese Fragen erleichtern Ihnen den Aufbau von Beziehungen zu Gleichgesinnten.

Erinnern Sie sich an das Vier-Ohren- oder Vier-Seiten-Modell, welche Ihnen die Vorstellung vermittelten, dass eine Aussage einer anderen Person verschiedene Bedeutungen haben kann. Die Nachricht lautet:

1. Tatsacheninformationen: Geben Sie Informationen genau an.
2. Appell: um Anweisung oder Ratschläge von Ihnen zu erhalten.
3. Beziehung: Bezug zu einem Aspekt Ihrer bestehenden Beziehung.
4. Selbstoffenbarung: Geben Sie etwas über sich preis (Motive, Werte, Emotionen, Vorlieben, Abneigungen usw.)

Vergessen Sie nicht, die nonverbalen Hinweise und die Körpersprache der Personen zu interpretieren, mit denen Sie bei Veranstaltungen interagieren. Behalten Sie ihre Gesten, Mimik, Stimmlage und Haltung im Auge. Sie sollten Ihre Körpersprache auch während des Gesprächs dämpfen, damit Ihre Kommunikation nicht als aggressiv fehlinterpretiert wird.

Sie sollten danach streben, sowohl für sich selbst als auch für den anderen eine positive Erfahrung zu erzeugen. Lächeln Sie mehr, sitzen Sie gerade und zeigen Sie Interesse (das ist so wichtig). Würde Ihnen ein Small Talk gefallen, wenn der andere gelangweilt schaut? Natürlich nicht!

Interessieren Sie sich nicht nur für Spannung, sondern auch für das, was der andere sagt, indem Sie aufmerksam zuhören. Seien Sie ein aktiver Teilnehmer, seien Sie positiv, freundlich und ein herzlicher Mensch. Seien Sie die Person, mit der jeder gerne in Kontakt tritt.

Eine andere Möglichkeit, mit einem Small Talk etwas zu gewinnen, besteht darin, das Gespräch durch offene Fragen am Laufen zu halten. Fragen zum Wetter sind nicht offen; dies sind direkte Fragen, die nicht zu spannenden Gesprächen führen. Vermeiden Sie auch kontroverse Themen, die zu übermäßig leidenschaftlichen Ausbrüchen führen (zum Beispiel Politik).

Binden Sie den Gesprächseinstieg an den Anlass, das Ereignis oder den Ort. Sprechen Sie über das Dekor, die Farben, den Hauptgrund für das Spiel, die Organisation usw. Auf diese Weise sind Sie auf der sicheren Seite.

Sprechen Sie über Hobbys, Kunst, was Ihr Gegenüber zu der Veranstaltung mitgebracht hat oder woher sie den Gastgeber kennen. Dies sind Themen, die zu einem faszinierenden Gespräch zwischen Ihnen Ihrem Gesprächspartner führen können. Bereiten Sie Gesprächseinstiege rechtzeitig vor, um Stress zu vermeiden. Wenn Sie sich vorbereiten, sind Sie bereit für alles. Wenn Sie den Small Talk richtig beenden, eröffnet sich für Sie eine Gelegenheit für zukünftige Gespräche. Wenn Sie die Person erneut treffen, können Sie beide dort weitermachen, wo Sie aufgehört haben.

Sie können proaktiv zum Fortbestehen von Beziehungen beitragen, indem Sie nach kurzer Zeit eine Follow-up-Nachricht senden, um die Verbindung aufrechtzuerhalten.

Ich hoffe, dieses Buch hat dazu beigetragen, Ihre Small Talk-Fähigkeiten zu verbessern und sind bereit durchzustarten!

Dies sollte in Zukunft Ihre Formel sein:

LESEN = VERINNERLICHEN = AUSFÜHREN = WIEDERHOLEN!

Ich verbleibe mit den besten Wünschen.

VERWEISE

English Club, (2019), Small Talk Practice 2: At the office https://www.englishclub.com/speaking/small-talk_practice2office.htm Bridges, F. (2019, April 25).

What to Say After „Hello" https://www.nicknotas.com/blog/what-to-say-after-hello/ Frost, A. (2019).

The Ultimate Guide to Small Talk: Conversation Starters, Powerful Questions, & More. https://blog.hubspot.com/sales/small-talk-guide Callahan, J (2018)

10 Nonverbal Cues That Convey Confidence at Work. https://www.forbes.com/sites/jacquelynsmith/2013/03/11/10-nonverbal-cues-that-convey-confidence-at-work/#1f5b763f5e13 Smith, J. (2013)

Stop overthinking and Never Run Out of Things To say https://goodmenproject.com/featured-content/stop-overthinking-never-run-out-things-say-lbkr/ Schiffer, V. (2019).

The Art of Misunderstanding & The 4 Sides Model of Communication. https://www.medium.com/seek-blog/the-art-of-misunderstanding-and-the-4-sides-model-of-communication-7188408457ba Amintro, (2019).

The Art of small talk: how to start and keep a conversation going, https://www.amintro.com/life/art-small-talk-start-keep-conversation-going/ Hertzberg, K. (2017).

Small Talk 101 for Shy People in the Office. https://www.grammarly.com/blog/small-talk-tips-for-introverts/ Eduard, (2012).

The Best Conversation Starters http://conversation-starters.com/ Khuu, C. (2018).

15 Tips to Get Better at Small Talk. https://www.success.com/15-tips-to-get-better-at-small-talk/

The Art of Small Talk. Body language. https://www.the-art-of-small-talk.com/bodylanguage.html Sedghi, A. (2019).

37 Conversation Starters that make You Instantly Interesting, https://www.readersdigest.ca/health/relationships/interesting-conversation-starters/ Johnson, P. (2016).

7 Ways to Make a Big Impression with Small Talk, https://www.heysigmund.com/7-ways-to-make-a-big-impression-with-small-talk Hey, S. (2019).

Small Talk Practice 2: At the Office, https://www.englishclub.com/speaking/small-talk_practice2office.htm

How To Be Better At Small Talk, https://www.forbes.com/sites/francesbridges/2019/04/25/how-to-be-better-at-small-talk/#318291135ca5 Holiday, R., & Hanselman, S. (2016).

Small Talk for Big Sales, https://www.sellingpower.com/2010/02/02/8361/small-talk-for-big-sales Craig, B. (2010)

Keep Conversations Flowing With the FORD Method, https://curiosity.com/topics/keep-conversations-flowing-with-the-ford-method-curiosity/ Ashley, H. (2018).

Stop Overthinking and Never Run Out of Things To Say, https://goodmenproject.com/featured-content/stop-overthinking-never-run-out-things-say-lbkr/ Jeff, C. (2018)

BONUSHEFT

Als Beilage zu diesem Buch erhalten Sie ein kostenloses E-Book zum Thema „Morgenroutinen der Gewinner".

In diesem Bonusheft „Morgenroutinen der Gewinner" erhalten Sie Übungen, die Sie in Ihrem Alltag problemlos anwenden können, um Ihr Selbstbewusstsein zu steigern.

Sie können das Bonusheft folgendermaßen erhalten:

Öffnen Sie ein Browserfenster auf Ihrem Computer oder Smartphone und geben Sie Folgendes ein:

gerardshaw.com/bonusheft

Sie werden dann automatisch auf die Download-Seite geleitet.

Bitte beachten Sie, dass dieses Bonusheft nur für eine begrenzte Zeit zum Download verfügbar ist.

www.ingramcontent.com/pod-product-compliance
Lightning Source LLC
Chambersburg PA
CBHW071351080526
44587CB00017B/3064